RADELZEIT IN MITTELFRANKEN & OBERFRANKEN

Herrlich entspannte Touren zum Runterschalten & Genießen

Volker Häring

VOLKER HÄRING

Ein herzliches »Kette rechts«, ich bin Volker, und das Radfahren ist meine Leidenschaft. Schon mit vier Jahren hat es mich fasziniert, seitdem saß ich eine halbe Million Kilometer auf dem Drahtesel, im Alltag und auf ausgedehnten Radtouren in der ganzen Welt. Als gebürtigen Franken schockieren mich keine noch so langen Bergfahrten, als Wahlberliner lasse ich es gerne einmal ruhig angehen. In meiner alten Heimat bin ich oft und immer wieder gerne auf zwei Rädern unterwegs.

Meine persönliche Radelweisheit:

» Auch mal umdrehen beim Radeln, da verbergen sich oft die schönsten Ausblicke.

LIEBE LESERIN, LIEBER LESER,

Bei Mittel- und Oberfranken denkt man zuerst an Bier, deftiges Essen und mittelalterliche Städte. Doch die Region zwischen Rothenburg und Hof hat weitaus mehr als das – zugegeben zutreffende – Klischee zu bieten. Und zwar nicht nur die größtenteils grandiose Mittelgebirgslandschaft. Da sind faszinierende Industriedenkmäler wie der Ludwig-Donau-Main-Kanal, Kuriositäten wie die Freimarkung Osing und mysteriöse Spuren der Römer und Kelten. Aber natürlich auch die Kulinarik, die neben der bodenständigen fränkischen Küche auch mal einen Ausflug in exotische Gefilde macht. Wer ein paar Höhenmeter auf ansonsten geruhsamen Wegen nicht scheut, für den ist Mittel- und Oberfranken die ideale Radelregion.

Eine herrlich entspannte Radelzeit wünscht

INHALT

UND SONST SO?

UNTERWEGS AUF DEN SCHÖNSTEN STRECKEN ...

ENTSPANNT AUS DER STADT RADELN

» Absolut faszinierend: Autofrei aus Nürnberg raus, immer die Pegnitz entlang, entspannt und ohne Eile. Tour 1, zwischen Kettensteg und Schniegling, S. 14

KLAMMHEIMLICHE FREUDE

» Immer der Schwarzach folgen, die sich hinter sattem Grün versteckt, nur ein sanftes Plätschern und das Geräusch der Reifen auf laubübersätem Waldboden. Magisch! Tour 3, zwischen Schwarzenbruck und Waldschänke, S. 34

EINFACH LAUFEN LASSEN

» Entspannt immer am Kanal entlang, an Streuobstwiesen und alten Schleusen vorbei – bis der Biergarten lockt! Tour 2, zwischen Berg und Schwarzenbach, S. 24

WUNDERSCHÖNE PEGNITZ

» Das Tal wird immer enger und lieblicher, der Radweg führt in sanften Kurven durch den Wald, und dann kreuzt immer wieder die Eisenbahnstrecke mit gewagten Viadukten. Tour 4, zwischen Vorra und Harnbach, S. 44

DURCH DIE MAINAUEN

» Sanft mäandert der Radweg durch die Auen des Weißen Mains. Wo dieser den Roten Main trifft, wartet auch noch eine Rastmöglichkeit. Tour 13, zwischen Brücke B 289 und Mainzusammenfluss, S. 134

AM SEE

» Gemütliches Radeln am Altmühlsee, links ein wenig Kunst, rechts mehrere schicke Bars und am Ende ein Feuchtbiotop. Tour 10, zwischen Gunzenhausen und Muhr am See, S. 104

FLUSSIDYLLE ERLEBEN

» Wohl eines der schönsten Flusstäler Frankens. Im engen, wildromantischen Tal der Eger radeln, durch schattige Waldstücke und an alten Kanälen entlang. Tour 17, zwischen Wasserkraftwerk Hirschsprung und Hendelhammer, S. 174

ALLE TOUREN IM ÜBERBLICK

Neustadt bei Coburg
GRENZERFAHRUNG #18
Hof
#14 Coburg
EIN HAUCH VON MITTELALTER
#16 Kronach
TÄLER UND TECHNIK
Münchberg
Selb
Lichtenfels
VON KULMBACH NACH KULMBACH #13
Kulmbach
VON DER EGER ZUR SAALE #17
Marktredwitz
#15 OFF THE MAINROAD
AUF WAGNERS SPUREN #19
#20 DER BAYREUTHER RING
Hollfeld
Bayreuth
Bamberg
#12 BIER UND ANDERE VERSUCHUNGEN
Pegnitz
Grafenwöhr
Weiden in der Oberpfalz
der Aisch
Forchheim
Vilseck
ERLANGEN
ENTLANG DER REGNITZ #11
Lauf an der Pegnitz
ZAUBERHAFTES PEGNITZTAL #4
EIN HAUCH VON ZEN #5
FÜRTH
Amberg
Nabburg
Zirndorf
#1 MIT DEM KNOBLAUCH PER DU
Altdorf bei Nürnberg
NÜRNBERG
#2 AM ALTEN KANAL
#3 DURCHS WILDE SCHWARZACHTAL
Neumarkt in der Oberpfalz
Schwabach
Freystadt
Maxhütte-Haidhof
Großer Brombachsee
Thalmässing
#10 FRÄNKISCHE SEENPLATTE
Hemau
REGENSBURG
Beilngries
#7 VON RÖMERN UND KELTEN
Weißenburg in Bayern
Neutraubling

... UND AUCH PAUSE MACHEN NICHT VERGESSEN

KULTBIERGARTEN AM KANAL

» Die Auswahl ist groß am Ludwig-Donau-Main-Kanal, das Gasthaus zum Ludwigskanal hat aber den definitiv schönsten Biergarten direkt am Wasser, süffiges Bier und leckeres Essen. Der ideale Stopp, um in Ruhe das Kanalleben an sich vorbeiziehen zu lassen. Tour 2, Stopp 3, S. 29

ENTSPANNTE FRIEDHOFSRUHE

» Ein Meer von Rosenbüschen, ein uralter Friedhof mit einem Who's who der Verblichenen von Albrecht Dürer bis Veit Stoß. Am Friedhof St. Johannis bekommt Friedhofsruhe eine positive, meditative Bedeutung. Tour 1, Stopp 3, S. 19

DER HAUCH VON ZEN

» Hier wird Zenn zu Zen, im Biergarten ZennOase in Langenzenn. Man sitzt herrlich entschleunigt direkt an der alten Stadtmauer mit Blick auf die Zenn. Nur das Weiterradeln wird schwierig! Tour 5, Stopp 4, S. 60

ERLEBTE GESCHICHTE

» In Mödlareuth, auch Klein-Berlin genannt, einen Moment innehalten, auf die nachgebauten Grenzanlagen schauen und die jüngste deutsche Vergangenheit inhalieren. Dann gemächlich das Rad am Wachturm vorbei durch den Grenzzaun schieben. Tour 18, Stopp 3, S. 189

KUNST BETRACHTEN

» Das Ziel schon in Sichtweite, es grüßt von oben die Festung Rosenberg, da kann man sich auch die Zeit nehmen, die Kunstinstallationen an der Uferpromenade Kronach in Ruhe zu betrachten. Tour 15, Stopp 6, S. 161

RAST AUF DER ABFAHRT

» Nur nicht dran vorbeisausen, das wäre schade! Der Biergarten Schlehenberg ist die ideale Rast, bevor es weiter bergab Richtung Bayreuth geht! Tour 19, Stopp 5, S. 200

SCHLEMMEN IN DER KLAMM

» Der Berg ruft, kann aber noch einen Moment warten. Die Waldschänke, wohl der beste kulinarische Radelstopp Oberfrankens, liegt versteckt in der Steinachklamm. Tour 16, Stopp 5, S. 170

EINFACH LOSRADELN

DIE RADELPAUSEN

» START
Hauptbahnhof Nürnberg

KM 2
1 Henkersteg
Der Henker und sein Steg

KM 2,5
2 Café Schnepperschütz
Café mit Geschichte

KM 3
3 Friedhof St. Johannis
Wo Dürers Hände ruhen

KM 13,5
4 Hofkirche St. Georg
Dicke Mauern bewundern

1 MIT DEM KNOBLAUCH PER DU

Eine Runde Nürnberg

Geht das? Fast autofrei durch eine Großstadt? Ja, es geht. Die fränkische Metropole präsentiert sich außerordentlich radfreundlich und hat neben städtischen Sehenswürdigkeiten auch jede Menge Natur, kulinarische Spezialitäten und die ein oder andere Überraschung zu bieten.

WAS IST JETZT HIER FUSSGÄNGERZONE?

Wann darf man da mit dem Fahrrad durch und was sind die Alternativen? Man muss ein wenig suchen, um die Route zu finden. Dann aber ist die Pegnitz erreicht. Nachdem der Besuch beim **Henker** überlebt ist, geht es gemächlich den Fluss entlang. Es locken Tische und Stühle vor dem Sandsteingemäuer auf der rechten Seite: Ein Kaffee im **Schnepperschütz** geht noch, dem munteren Treiben in der Hallerwiese zuschauen. Ist ja fast eine Radautobahn, so viel ist hier los.

Ein kurzer Abstecher zu Albrecht Dürer und Ludwig Feuerbach auf **St. Johannis**, und wieder zurück zum Fluss. Ein Wasserrad auf der linken Seite, herrlich grüne Wiesen und kein Verkehr, nur Radfahrer und Skater. Einmal quer durch den Ortsteil Sniegling, und schon ist man auf dem Land.

KOPF IM WIND, NASE IM KNOBLAUCHSLAND

Immer noch Nürnberg, aber – man riecht es – ländlich, sprich: Knoblauchsland. Was da alles wächst! Ist das wirklich Tabak? Lauch, Salat in allen Variationen. Und in der Saison: Spargel. Dazwischen putzige Dörfer, der eine oder andere Haus gewordene Sandsteintraum. Eine Erscheinung von einer **Wehrkirche**. Dann wieder weites Land.

Ein undefinierbarer Mix aus Düften. Sellerie? Bohnenkraut? Lauch? Knoblauch! Nichts wie rein in den **Hofladen**! Ein paar Minuten Störgeräusche von der Autobahn, dann Stille auf dem Waldweg im **Reichswald**.

Echter fränkischer Tabak gefällig?

Ein Brummen. Startet da ein Flugzeug? Kurzer Blick auf den verschlafen wirkenden Flughafen. Fernweh? Nein, Franken ist schön genug! Mehrmals lockt das Radschild »Altstadt« mit einer Abkürzung. Lieber noch ein wenig Nürnberg ohne Filter. Stillgelegte Fabriken, Schienenstränge. Sehenswerte Graffiti. Eine Laubenpieperkolonie. Dann Schussfahrt ins Pegnitztal. Abzweigung nicht verpassen, ein kleiner Schlenker, schon ist die **Wöhrder Wiese** erreicht. Die Skyline von Nürnberg. Kleine Pause am Wöhrder See. Und dann immer die Pegnitz entlang zur Innenstadt. «

Das Knoblauchsland: Gemüse bis zum Horizont

Hofkirche St. Georg

Autofrei und Spaß dabei

RADELN & GENIEßEN

Henkersteg – besser schieben!

» START

Hauptbahnhof Nürnberg

Zur Hauptstraße und dort nach links, über die große Kreuzung dem Radwegschild folgen.

KM 2

1 Henkersteg

Der Henker und sein Steg

Was für ein eindrucksvoller Holzsteg. Und was für ein putziges Häuschen. Wer da wohl wohnte? Der Henker von Nürnberg, erklärt das Schild, und sein Gehilfe. Über den Holzsteg gelangte der Henker, im Mittelalter jemand, mit dem ehrbare Bürger nichts zu tun haben wollten, von seiner abgeschiedenen Wohnung in die Stadt. Der heute sichtbare Steg ist allerdings nicht das Original, der noch nicht überdachte Vorgänger fiel dem großen Hochwasser im Jahre 1595 zum Opfer. Kurz über den Steg rollen und weiter geht's, bevor einen der Henker holt.

Über die Maxbrücke, dann links und der Radbeschilderung Richtung Fürth folgen.

Das Schnepperschütz

KM 2,5

Café Schnepperschütz

Café mit Geschichte

Olfaktorisch bekommt man das als Nürnberger nicht aus der Erinnerung. Hier, wo heute am Eingang der Hallerwiese das Café Schnepperschütz steht, befand sich jahrzehntelang eine ziemlich verdreckte und verrufene öffentliche Toilette. Optisch erinnert glücklicherweise nichts mehr an die unappetitliche Vergangenheit, es gibt Kaffee und Kuchen – oder soll es ein Weißwurstfrühstück sein? Manchmal gibt es auch Austern, immer aber hausgemachte Limonade. Was auch immer man konsumieren möchte, es locken Plätze in der Sonne oder man fläzt sich gleich auf die Hallerwiese. Am Hallertor 3.

Über die Hallerwiese, dann die Lindengasse leicht bergan.

Blumenmeer auf Grabsteinen: St. Johannis

KM 13,5

4 Hofkirche St. Georg
Dicke Mauern bewundern

»Ein feste Burg ist unser Gott«, heißt es in dem Kirchenlied, und hier an der Hofkirche St. Georg kann man das auf das Kirchengebäude selbst übertragen. Mehr Burg als Gotteshaus und äußerst eindrucksvoll steht die Wehrkirche in Kraftshof und hat eine 800 Jahre währende Geschichte. Sogar den Dreißigjährigen Krieg hat sie unbeschadet überstanden, als das Dorf niederbrannte. Das Rad einfach im Paradies (so heißt der Vorbau am Eingang) abstellen und eine ehrfürchtige Runde drehen. (ekk-gemeinde.kirche-kraftshof.de)

Der Kraftshofer Hauptstraße nach Westen folgen, die dann zur Oberen Dorfstraße wird.

KM 3

3 Friedhof St. Johannis
Wo Dürers Hände ruhen

Was für eine illustre Gesellschaft! Die Grabsteine des Friedhofs St. Johannis lesen sich wie ein Who's who der Nürnberger Stadtgeschichte. Der Philosoph Ludwig Feuerbach fand hier seine letzte Ruhe, ebenso der Bildhauer Veit Stoß. Und natürlich, berühmtester Untermieter: Albrecht Dürer. Und wäre das noch nicht genug, ist der Friedhof zudem noch eine absolute Augenweide, von den reichlich verzierten, mal monumentalen, mal verspielten Grabsteinen und -malen über die blühenden Rosenbüsche bis hin zur sogenannten Holzschuherkapelle mit der Grablege Christi von Adam Kraft. (st-johannisfriedhof-nuernberg.de)

Über die Lindengasse zurück auf die Radroute entlang der Pegnitz, nach Schniegling abbiegen, hier über den Mühlweg ins Knoblauchsland.

Engel auf Kriegsopfer-gedenkstein

KM 14,5

5 Fischer Gemüse Hofladen
Lokales probieren

Wenn man die lokalen Produkte schon ständig in der Nase hat, dann möchte man sie auch einmal probieren. Dafür, dass hier im Knoblauchsland so ziemlich alles angebaut wird, was Feld, Wiese und Klima hergeben, muss man tatsächlich etwas suchen, bis man einen Hofladen findet. Im Fischer Gemüse Hofladen gehen einem aber dann die Augen über, was da alles an Obst und Gemüse bunt in der Auslage, ach nein, im gesamten Laden liegt. Vitaminreiches Augenfutter und noch so manches mehr aus der Region. Obere Dorfstraße 38, Nürnberg.

Der Oberen Dorfstraße ein Stück nach Norden folgen, rechts in den Soosweg einbiegen und diesem treu bleiben.

Gefährdete grüne Lunge: der Reichswald

Hier locken die Vitamine!

KM 18,5

6 Reichswald
Tief durchatmen

Die frische Luft genießen, solange es noch geht! Hier streitet man seit Jahren über eine mögliche Nordanbindung für den Flughafen. 20 000 Bäume sollen im Reichswald gefällt werden, dagegen hat sich deutlich sichtbarer Widerstand geregt. Die mit weißen Kreuzen markierten Bäume begleiten die Fahrt auf beiden Seiten ein paar Kilometer, das ist ziemlich eindrucksvoll. Es wäre auf jeden Fall sehr schade um den schönen Radweg durch den Wald, mit der Stille wäre es dann endgültig vorbei und das beliebte Naherholungsgebiet würde in zwei Teile zerschnitten. (nordanbindung.de)

Durch den Wald bis zum Aussichtspunkt Flughafen, dann über den Fränkischen Marienweg und den Tiefgraben zur Pegnitz.

KM 29

7 Wiesen Biergarten
Hallo, Nürnberg!

Schöner kann man kaum in eine Stadt fahren. Die Pegnitz bildet hier den Wöhrder See, die gleichnamige Wiese ist ein beliebtes Naherholungszentrum der Stadt. Kaum zu glauben, dass das Stadtzentrum mit dem Rad nur zehn Minuten entfernt ist! Am See lockt ein Sandstrand, und auch die kulinarischen Möglichkeiten sind vielfältig. Von Mai bis September, bei warmem Herbst auch länger, lockt der Wiesen Biergarten mit bayrischen Spezialitäten, Snacks und allerlei vom Grill. Da kann das Nürnberger Zentrum noch eine Weile warten! (biergarten-woehrder-wiese.de)

Dem Radweg Richtung Innenstadt folgen, unter dem Marientorgraben durch auf Marientormauer, dann parallel zum Marientorgraben dem Nürnberg-Stadtnetz-Radweg zum Bahnhof folgen (ausgeschildert).

EXTRA INFOS:

Nürnberg ist die ideale Basis für viele der vorgestellten Touren. Da ist es gut, ein günstiges, zentrales und freundliches Hotel in Bahnhofsnähe zu haben. Das ● **Hotel Avenue** ist ideal und absolut empfehlenswert. (hotel-avenue.de)

KM 30,5 » ZIEL

Hauptbahnhof Nürnberg

Den ganzen Sommer Biersaison!

AUF EINEN BLICK
» Start/Ziel: Hauptbahnhof Nürnberg
» Strecke/reine Radelzeit: 30,5 km (Rundtour), 2 Std.
» Höhenmeter: ↗61 m ↘61 m
» Wegbeschaffenheit: Überwiegend asphaltiert, im Knoblauchsland und im Reichswald zuweilen Feld- und Waldweg, allerdings sehr gut zu fahren.
» Beste Zeit: Frühling bis Herbst.
» Mitnehmen: Sonnencreme, ausreichend Wasser.
» Kombinierbar mit: Tour 3.
Tiegelerdberg
400
Lachgraben
NEUNHOF
5 Fischer Gemüse Hofladen
Schloss Neunhof
BOXDORF
Soos
Irrhain
Kraftshofer Espan
Birkenlach
4 Hofkirche St. Georg
B 4
KRAFTSHOF
Kraftshofer Viehtränke
Brunnholz
Kirchenwald
Hermesbrücke
Bei der Zwieselbrücke
Gründlachbrücke
Am Rönig
Blecherne Marter
Auf der Lohstatt
Fuchsanger
Fuchsrain
Buchenbühl 400
TIEF DURCHATMEN!
B 2
A 3
Dreieichenplatz
6 Reichswald
BUCHENBÜHL
Bucher Landgraben
300
P

HIER RIECHT ES NACH KNOBLAUCH
ENTSPANNT DURCH DIE PEGNITZAUEN
NÜRNBERG
1 Henkersteg
2 Café Schnepperschütz
3 Friedhof St. Johannis
7 Wiesen Biergarten
Hotel Avenue
START & ZIEL Hauptbahnhof Nürnberg
LOHE
SCHNEPFENREUTH
THON
KLEINREUTH HINTER DER VESTE
GROSSREUTH HINTER DER VESTE
LOHER MOOS
SCHAFHOF
HERRNHÜTTE
ERLENSTEGEN
Platnersberg 335
KRIEGSOPFERSIEDLUNG
WETZENDORF
Dannreuther'scher Herrensitz
Serz'sches Herrenhaus
MUGGENHOF
WEIGELSHOF
SANKT JOBST
SCHOPPERSHOF
Schoppershof
Rechenberg 338
MAXFELD
RENNWEG
MÖGELDORF
Wöhrder See
SANKT JOHANNIS
GÄRTEN HINTER DER VESTE
SEBALD
VEILHOF
GÄRTEN BEI WÖHRD
WÖHRD
EBERHARDSHOF
KLEINWEIDENMÜHLE
LORENZ
HIMPFELSHOF
TULLNAU
Zeltnerschloss
GAISMANNSHOF
GOSTENHOF
TAFELHOF
GALGENHOF
GLOCKENHOF
SANKT PETER
GLEISSHAMMER
ZERZABELSHOF
STEINBÜHL
Falkennest
Pegnitz
B 4
B 2
B 4R
B 8
B 14
N
0
1
2 KM

DIE RADELPAUSEN

» START
Bahnhof Feucht

KM 3,5
1 Ludwig-Donau-Main-Kanal
Hallo, Ludwig!

KM 4
2 Brückkanal
Alte Technik bewundern

KM 15
3 Gasthaus Zum Ludwigskanal
Getränk mit Wasserblick

AM ALTEN KANAL

2

Von Feucht nach Neumarkt in der Oberpfalz

Was für eine entspannte Tour! Eben und angenehm schattig am Ludwig-Donau-Main-Kanal entlang, ohne Stress, mit reichlich Einkehrmöglichkeiten. Perfekt für alle, die Radfahren und Genuss verbinden wollen.

KM 17

4 Dörlbacher Einschnitt
Kanalgeschichte erleben

KM 27

5 Kunst am Kanal
Die Gedanken schweifen

KM 31,5

6 Oberer Ganskeller
Den Tag ausklingen lassen

KM 32 » ZIEL

Bahnhof Neumarkt

ES LOCKT DER KANAL

Aber wie dahin kommen? Ein kleines Stück Stadtradeln durch Feucht, keine wilde Sache, und schon ist man draußen in der Natur. Und auch gleich erst idyllisch und dann spektakulär am **Ludwig-Donau-Main-Kanal**. Erstaunlich, dass die Ingenieure im 19. Jahrhundert schon **Kanalbrücken** über Schluchten gebaut haben! Was für eine Leistung und was für eine Maloche, wie man ein paar Kilometer weiter erfährt.

Bis dahin rollt es ausgesprochen gut auf der linken Kanalseite, obwohl nicht asphaltiert. Waldpassagen wechseln mit Obstalleen ab. Apropos Obst: Noch vor ein paar Jahren bedeckten heruntergefallene, zermatschte Äpfel den Kanalweg, jetzt werden die Streuobstwiesen am Wegrand gehegt und gepflegt, und so mancher Baum ist entsprechend für bestimmte Pflücker reserviert.

LAUSCHIG GEHT'S UNTER BÄUMEN DEN KANAL ENTLANG

Statt Apfel und Birne direkt vom Baum dann doch lieber Biergarten mit fränkischen Spezialitäten, direkt am Wasser. Aber welchen? Schleuse 35, oder doch das **Gasthaus Zum Ludwigskanal**? Eigentlich egal, man isst und sitzt in beiden gut.

Aber immer nur am Kanal entlang, wird das nicht langweilig? Weit gefehlt, da ist immer wieder ein altes Stück Technik, Sozialgeschichte am **Dörlbacher Einschnitt** und so manches neue Stück **Kunst am Wegrand**, das einen kurzen Stopp lohnt. Keine Schleuse wie die andere, immer wieder erstaunlich, welches Geschick beim Bau des Kanals aufgebracht wurde, um Bachläufe zu überbrücken und Steigungen auszugleichen. Neueren Datums ist die Naturbadestelle kurz vor Berg. Da kann man definitiv nicht widerstehen!

Dann sagt Franken »Tschüss« und die Oberpfalz »Servus«. In Neumarkt noch eine Runde über den historischen Marktplatz, der sich nicht entscheiden kann, ob er nun Fußgängerzone oder nicht sein soll. Die Ankunft zelebriert man am besten im **Biergarten Oberer Ganskeller**, der praktischerweise direkt auf dem Weg zum Bahnhof liegt. «

Kanalradeln vom Feinsten

Am alten Kanal

»Die Erde ist keine vollkommene Kugel«
von Ute Lechner und Hans Thurner

RADELN & GENIEẞEN

»START

Bahnhof Feucht

Vom Bahnhof Feucht der ausgeschilderten Radroute zum Ludwig-Donau-Main-Kanal folgen.

Am Brückkanal

KM 3,5

1 **Ludwig-Donau-Main-Kanal**

Hallo, Ludwig!

Die Älteren werden sich noch an die hitzige Diskussion über den Rhein-Main-Donau-Kanal in den 1980er-Jahren erinnern. Die Idee, eine durchgehende Schiffsverbindung zwischen Nordsee und Schwarzem Meer zu schaffen, ist aber deutlich älter. Der Ludwig-Donau-Main-Kanal wurde zwischen 1836 und 1846 erbaut, war 172,4 Kilometer lang und überbrückte einen Höhenunterschied von 264 Metern, für die damalige Zeit eine Sensation. Irgendwann lief ihm die Eisenbahn den Rang ab und er wurde 1950 aufgelassen, teilweise sogar zugeschüttet. Heute ist der Kanal Ausflugsdestination, Feuchtbiotop und Technikmuseum gleichermaßen. Und zwischen Nürnberg und Beilngries Wegbegleiter einer der beliebtesten Radstrecken Bayerns. (ludwig-donau-main-kanal.de)

Dem Kanal in Richtung Südosten folgen.

KM 4

Brückkanal

Alte Technik bewundern

Was macht man, wenn beim Kanalbau eine knapp 20 Meter tiefe Schlucht im Weg ist? Genau, man baut eine Brücke drüber. Das gestaltete sich schwieriger als gedacht. Auf der Südseite hatte man den Raum zwischen den Flügelmauern mit toniger Erde verfüllt. Nach der ersten Wasserung des Kanals 1843 quoll sie auf und drohte, die Außenmauern zu sprengen. Der Bau musste 1844 größtenteils abgetragen und neu errichtet werden. Nun ließ man das Innere der Brücke hohl und schloss die Widerlager mit leeren Gewölben ab. Da man das Rad sowieso über die Brücke schieben muss, kann man es auch für einen Moment abstellen und ein paar Meter Richtung Schwarzachklamm hinunterlaufen. Erst dann erschließt sich die Dimension und die Ingenieurskunst der 90 Meter langen Konstruktion.

Über die Brücke dem Kanal folgen.

Gasthaus Zum Ludwigskanal

Genussradeln am Kanal

KM 15

Gasthaus Zum Ludwigskanal

Getränk mit Wasserblick

An sonnigen Tagen und Wochenenden zieht es nicht nur die Fahrradtourist:innen, sondern halb Mittelfranken an den Kanal, vor allem in die Ausflugslokale. Am Gasthaus Zum Ludwigskanal kann man eigentlich auch nicht vorbeifahren, zu einladend wirkt der Biergarten. Am besten früh dran sein, am späten Mittag ist es an sonnigen Tagen fast unmöglich, einen Platz zu bekommen. Oder man setzt sich mit oder ohne Getränk einfach so an den Kanal und wartet, bis ein Platz frei ist. Beine baumeln lassen geht auch ohne Bier und Garten. Oder doch eine Kanalfahrt? Von Mai bis September, am ersten Sonntag im Monat, fährt das Treidelschiff »Elfriede«, wie zu Beginn der Kanalschifffahrt von einem Pferd gezogen, die gut einen Kilometer lange Strecke von hier bis zum Dörlbacher Einschnitt. (ludwigskanal.de)

Weiterhin am Kanal entlang.

Plastische Geschichtslektion

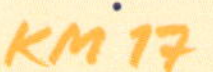

Dörlbacher Einschnitt
4 Kanalgeschichte erleben

Nun ist man definitiv neugierig geworden, was die Kanalgeschichte und vor allen Dingen die Konstruktion angeht. Am Dörlbacher Einschnitt kann die Neugierde gestillt werden. Hier wird, an einem der anspruchsvollsten Kanalstücke, der Arbeiter gedacht und ihr Leben geschildert. Über 300 Arbeiter schufteten allein an dieser Stelle, es entstand mit all der Logistik ein kleines künstliches Dorf mit entsprechendem Sozialleben. So hart die Arbeit war, sie war wohl gut bezahlt, tüchtige Arbeiter im Akkord konnten hier das Vielfache eines normalen Arbeitslohns verdienen. Auch auf Radler:innen wartet eine kleine Anstrengung: Hier gibt es die einzigen Höhenmeter auf der Tour.

Weiter den Kanal entlang.

Kunst am Kanal
5 Die Gedanken schweifen

Da steht einiges am Kanal! Die Gemeinde Berg hatte dankenswerterweise die Idee, entlang des Wassers einen Skulpturenweg mit sechs groß dimensionierten Objekten einzurichten. Von regionalen und internationalen Künstlern aus Stein, Holz und Stahl gestaltet, sind sie eine zusätzliche Abwechslung am Kanal; an einigen fährt man anerkennend nickend vorbei, andere regen die Neugier so weit an, dass man gar nicht anders kann, als abzusteigen. Grasen dann auch noch Schafe zwischen den Kunstwerken, ist dort das perfekte Fotomotiv. (kunst-am-kanal.de)

Am Kanal bis zum alten Kanalhafen, der Nürnberger Straße bis zur Altstadt folgen, über den Marktplatz bis zur Kreuzung Badstraße. Der Biergarten ist dann gleich rechter Hand.

Biergarten Ganskeller

Installation »Kraftfeld«

EXTRA INFOS:

Am Wochenende kann es ganz schön voll werden am Kanal. Wenn das Gasthaus Zum Ludwigskanal voll sein sollte, ist die ● **Schleuse 35** eine ausgezeichnete und gleichwertige Alternative. Am Kanal 35, Burgthann.

KUNST AM KANAL BEWUNDERN

KM 32 » ZIEL
Bahnhof Neumarkt

KM 31,5

6 Oberer Ganskeller

Den Tag ausklingen lassen

Absolut Kult, bei schönem Wetter ist hier ohne Reservierung nichts zu holen. Das Gansbräu, bis heute familiengeführt, blickt auf eine lange Tradition zurück. 1580 als Gasthof Goldene Gans gegründet, wird der Obere Ganskeller in der zweiten Hälfte des 19. Jahrhunderts mit Sommerausschank und Blasmusik zum beliebtesten Biergarten der Stadt. Blasmusik gibt es heute eher selten, selbst gebrautes Bier, wie es sich in Neumarkt gehört, dafür in gleich mehreren Sorten. Auf der Speisekarte die üblichen Verdächtigen aus der bayrischen Küche, allerdings alle mit dem gewissen Etwas. (obererganskeller.de)

Der Bahnhofsstraße direkt zum Bahnhof folgen.

Traditionslogo

START
Bahnhof Feucht
1 Ludwig-Donau-Main-Kanal
2 Brückkanal
Zur Schleuse 35
MEDITATIV AM KANAL ENTLANG
Feucht
Tucherschloss
Schwarzenbruck
Faberschloß
Gsteinach
Ochenbruck
Mimberg
Burgthann
Pfeifferhütte
Unterlindelburg
Oberlindelburg
Unterferrieder
Oberhembach
Pyrbaum
Schloss Pyrbaum
Schellenberg
406
Sperberslohe
Harrlach
Pruppach
Röthenbach bei St. Wolfgang
ALTENFURT
MOORENBRUNN
Hutberg
407
BIRNTHON
Herrensitz Birnthon
Ungelstetten
Moosbach
Winkelhaid
Ludersheim
Weiherhaus
Penzenhofen
Dreibrüderberg
430
Rummelsberg
Altenthann
Pattenhofen
Jägersee
0
1
2 KM

AUF EINEN BLICK

- **Start:** Bahnhof Feucht
- **Ziel:** Bahnhof Neumarkt
- **Strecke/reine Radelzeit:** 32 km (Streckentour), 2 Std. 30
- **Höhenmeter:** ↗91 m ↘31 m
- **Wegbeschaffenheit:** Überwiegend Feld- und Waldweg am Kanal entlang, allerdings sehr gut zu fahren.
- **Beste Zeit:** Frühling bis Herbst.
- **Mitnehmen:** Sonnencreme, ausreichend Wasser und Badesachen für die Naturbadestelle kurz vor Berg.

DIE RADELPAUSEN

» START
S-Bahnhof Altdorf

KM 1
1 Universität Altdorf
Alte Zeiten studieren

KM 3
2 Löwengrube
Höhlen erforschen

KM 15,5
3 Wildes Schwarzachtal
Tief durchatmen

DURCHS WILDE SCHWARZ-ACHTAL

3

Von Altdorf nach Nürnberg

Ein bisschen Geschichte, ein Hauch faszinierende Technik und ganz viel Natur. Gemütlich durch das Schwarzachtal rollen, die Seele baumeln lassen und ganz tief einatmen. Die ideale Tour für einen gemächlichen Sonntagnachmittag.

KM 18
4 Waldschänke Brückkanal
Fränkisch genießen

KM 26
5 Ludwig-Donau-Main-Kanal
Alte Technik fasziniert

KM 38
6 Bratwursthäusle
Leckeres vom Rost

KM 40 » ZIEL
Hauptbahnhof Nürnberg

DAS IST DOCH MEHR ALS ERSTAUNLICH!

Altdorf, dieses putzige, aber doch recht verschlafene Städtchen, soll eine altehrwürdige Universitätsstadt sein? Radfahren bildet. Ein kurzer Blick auf das alte **Universitätsgebäude**, und schon ist man wieder draußen aus der Ortschaft. Und kann es nun erst einmal rollen lassen.

Ganz unten, hinter Bäumen versteckt, fließt die Schwarzach. Eine lang gezogene Serpentine, noch eine – doch halt, stopp! Was versteckt sich denn da im Wald? Es ist die **Löwengrube**. Doch es wartet kein König der Savanne, sondern ein spannendes Höhlensystem, einst ein Studententreffpunkt. Kurze Besichtigung, und dann noch ein klein wenig bergab zur Schwarzach.

RECHTS UND LINKS SCHROFFE FELSEN, DAZWISCHEN NATUR PUR

Der Fluss ist jetzt auch Wegweiser für die nächsten Kilometer. In Burgthann ein kurzer Abstecher zur Burg und anschließend die Wahl: ein Stück Wiesenweg, leidlich gut zu fahren, oder doch Straße? Schöner ist der **Wiesenweg direkt an der Schwarzach**, die munter vor sich hin plätschert und so langsam Geschwindigkeit aufnimmt. Es wird spektakulär, die Schlucht immer enger, die Felswände immer näher und höher, und dennoch hat das Ganze etwas Liebliches. Die Sonne bricht sich an den dichten Baumkronen, die sich im Wasser spiegeln. Kein Asphalt, aber guter Feldweg, ab und zu mal eine Wurzel. Auf jeden Fall aber Genussradeln vom Feinsten.

Dann kommen aber doch noch ein paar Höhenmeter, 17,5 insgesamt, um genau zu sein, so viel höher spannt sich der **Ludwig-Donau-Main-Kanal** über die Schlucht. Kanal über Fluss, das bekommt man auch nicht oft zu sehen!

Auf die Anstrengung dann gleich eine Pause in der **Waldschänke Brückkanal** mit Blick auf Schlucht und Kanalbrücke. Und im Anschluss absolut entspannt immer am Kanal entlang nach Nürnberg, autofrei bis fast in die Innenstadt. Noch ein Eis, noch ein Kaltgetränk? Möglichkeiten gibt es links und rechts etliche. Und zum Abschluss dann ins **Bratwursthäusle**, wo Fleischliebhaber so richtig auf ihre Kosten kommen, aber auch an Vegetarier gedacht wird. «

Ehemaliger Studententreffpunkt »Löwengrube«

Am alten Kanal

Natur pur in der Schwarzachschlucht

RADELN & GENIEßEN

»START

S-Bahnhof Altdorf

Vom S-Bahnhof über Bahnhofs- und Königsbühlstraße sowie Obere Badgasse zum Markt. Die alte Universität liegt an den Parallelstraßen Neubau- und Silbergasse.

Löwengrube: Duellplatz ...

Wo Leibniz und Wallenstein studierten

KM 1

1 Universität Altdorf

Alte Zeiten studieren

Das hätte man nicht gedacht. In Altdorf haben solche Berühmtheiten wie der Philosoph Gottfried Wilhelm Leibniz, der Komponist Johann Pachelbel sowie Albrecht von Waldstein studiert, besser bekannt als Wallenstein, der während des Dreißigjährigen Krieges zweimal Oberbefehlshaber der kaiserlichen Streitkräfte war. Bereits 1623 gegründet, erlebte die Universität Altdorf ihre Blüte im 18. Jahrhundert, wurde aber 1809 zugunsten der Universität Erlangen, wie man heute sagen würde, abgewickelt. Es blieben das alte Universitätsgebäude und ein sehenswertes mittelalterliches Städtchen.

Den Radwegweisern Richtung Burgthann folgen.

... und Bierkeller

KM 15,5

3 Wildes Schwarzachtal

Tief durchatmen

Die Schwarzach ist gerade einmal 55 Kilometer lang, legt aber auf der kurzen Strecke immerhin 204 Höhenmeter zurück. Besonders schön und ein Paradies für Wandernde und Radelnde ist die 2,2 Kilometer lange Schwarzachklamm, auch Schwarzachdurchbruch genannt, zwischen Schwarzenbruck und Ludwig-Donau-Main-Kanal. Schon erstaunlich, wie tief sich das kleine Flüsschen hier in den Felsen gefressen hat. Was für eine grüne Oase! Und gerade an heißen Tagen auch angenehm schattig. Einer der schönsten Radabschnitte nahe Nürnberg.

Dem Weg bis zum Brückkanal folgen.

KM 3

2 Löwengrube

Höhlen erforschen

Fast würde man vorbeirauschen, das wäre schade! Die »Löwengrube« genannte Felsgalerie mit künstlich angelegten Höhlen war einst Steinbruch, bis unter anderem ein gewisser namensgebender Friedrich Gottlieb von Löwenstern das Areal erschloss und ausbauen ließ. Ostern 1686 wurde das Areal von Altdorfer Studenten eingeweiht und bis zur Schließung der Universität 1809 für manch feuchtfröhliches Fest und als Ort für Duelle genutzt. Danach diente das Gelände einem Bierkeller, und in einer zweiten, länglichen Höhle wurde eine Kegelbahn angelegt. Beides ist heute beim Rundgang noch gut erkennbar. Das Rad lässt man aber besser am Eingang der Felsgalerie stehen.

Zur Schwarzach und dem ausgeschilderten Radweg nach Schwarzenbruck folgen.

Autobahnbrücke Schwarzachklamm

KM 18

4 Waldschänke Brückkanal
Fränkisch genießen

Was für ein riesiges Areal! Und am Wochenende trotzdem immer voll. Die Waldschänke Brückkanal ist eines der beliebtesten Ausflugsziele der Nürnberger, und das mit Recht. Einmal mit dem Rad den Kanal entlang und nach dem Essen wieder entspannt zurück, das hat was. Wahlweise sonnig oder schön schattig sitzt man hier, immer mal wieder gibt es Livemusik, immer aber fränkische Spezialitäten, eine wechselnde Tageskarte und natürlich fränkisches Bier vom Fass. (brueckkanal.com)

Dem Kanal Richtung Nordwesten folgen.

Bratwurst geht immer!

Urig: Waldschänke Brückkanal

KM 26

5 Ludwig-Donau-Main-Kanal
Alte Technik fasziniert

Was für ein Meisterwerk der Technik! Auf 173 Kilometern musste man beim Bau des Kanals einen Höhenunterschied von 183 Metern mit rund 100 Schleusen überwinden. Einige davon kann man auf dem entspannten und spannenden Abschnitt vom Brückkanal nach Nürnberg bewundern. Da stehen architektonische Kleinode am Wasser, unter anderem Fährhäuschen, die von keinem Geringeren als dem berühmten Baumeister Leo von Klenze entworfen wurden. Dann locken wieder ein Biergarten und eine Eisdiele. Der Weg nach Nürnberg kann dauern! Macht aber nichts – nur keine Hektik aufkommen lassen.

Dem Kanal bis zur Dianastraße folgen, dann zum Plärrer und über den Splittlertorgraben zur Hallerwiese, hier rechts Richtung Hauptmarkt.

KM 38

6 Bratwursthäusle
Leckeres vom Rost

Nürnberg ohne Bratwurst vom Rost? Schwer vorstellbar, das gehört beim Nürnbergbesuch für jeden Fleischesser auf jeden Fall auf die Bucket List. Am besten im Bratwursthäusle, da, wo der Rostgrill auf Dauerfeuer läuft. Ja, es ist kitschig, und ja, es ist touristisch. Aber es schmeckt nirgends besser als hier. Und auf der Terrasse zwischen Burg und Hauptmarkt hat man zudem den Premiumblick auf die wuselige Nürnberger Innenstadt. (bratwursthaeuslenuernberg.de)

Über die Spitalbrücke zum Marientorgraben, diesem nach Südwesten zum Bahnhof folgen.

EXTRA INFOS:

Wem das Bratwursthäusle zu touristisch ist: Das ● **Hexenhäusle** hat eher lokale Kundschaft und bietet alles, was das Frankenherz begehrt. (hexenhaeusle-nuernberg.com)

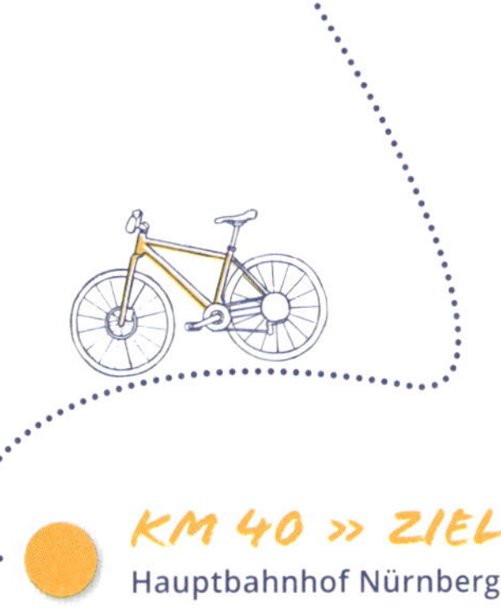

KM 40 » ZIEL

Hauptbahnhof Nürnberg

TECHNIK AUS DEM 19. JAHRHUNDERT

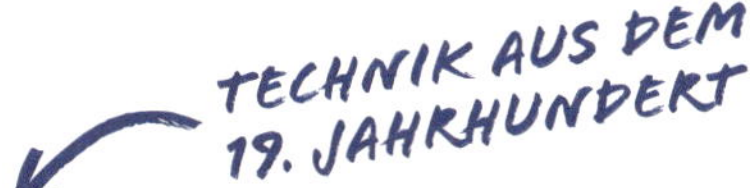

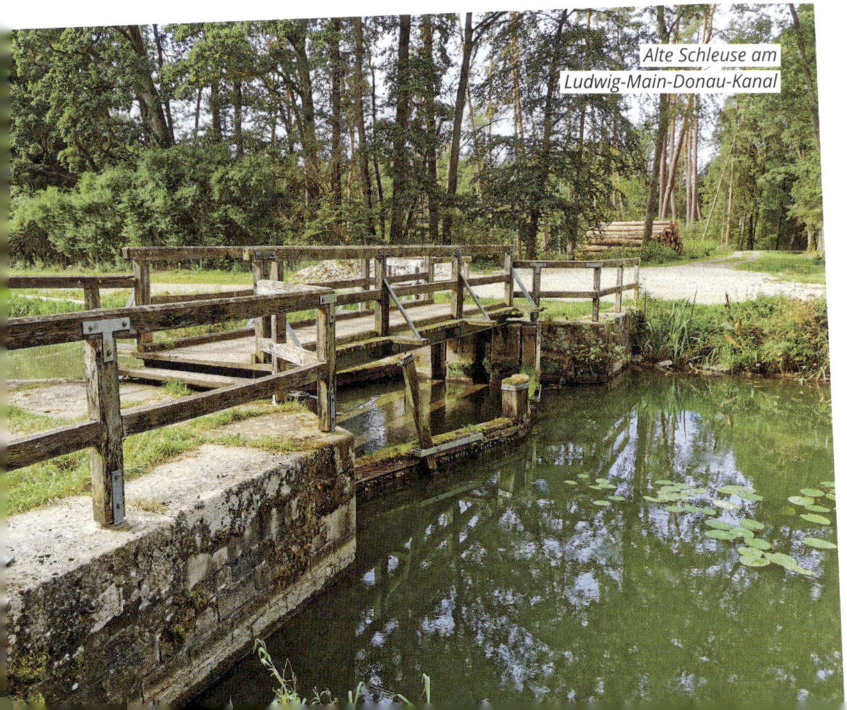

Alte Schleuse am Ludwig-Main-Donau-Kanal

Hexenhäusle
6 Bratwursthäusle
ZIEL Hauptbahnhof Nürnberg
WILLKOMMEN IN DER STADT!
5 Ludwig-Donau-Main-Kanal
Waldschänke Brückkanal 4
TECHNISCHES WUNDERWERK
NÜRNBERG
KLEINREUTH HINTER DER VESTE
GROSSREUTH HINTER DER VESTE
MAXFELD
WEIGELSHOF
Schoppershof
RENNWEG
MÖGELDORF
WÖHRD
TULLNAU
Malmsbach
Ruine Schloss Oberbürg
Unterbürg
LAUFAMHOLZ
SCHWAIG BEI NÜRNBERG
Schmausenbuck 390
Hirschenkopf 381
Zeltnerschloss
ZERZABELSHOF
SANKT PETER
GLOCKENHOF
GLEISSHAMMER
STEINBÜHL
HUMMELSTEIN
SANDREUTH
Großer Dutzendteich
Kleiner Dutzendteich
RABUS
HASENBUCK
Silberbuck 356
GARTENSTADT
NEUSELSBRUNN
Eisweiher
Harsdorf'sches Schloss
FISCHBACH BEI NÜRNBERG
Hutberg 407
LANGWASSER
ALTENFURT
KETTELERSIEDLUNG
FALKENHEIM
Föhrenbuck 368
MOORENBRUNN
Eichenbühl 362
Hoher Bühl 408
Königshof
PILLENREUTH
Feucht
Weiherhaus
Herpersdorf
Worzeldorf
Glasersberg 390
Röthenbach bei St. Wolfgang
Gaulnhofen
NEUKATZWANG
Wendelstein
KATZWANG
Kornburg
Kleinschwarzenlohe
Schloss Sorg
Großschwarzenlohe
0 1 2 KM

AUF EINEN BLICK

- **Start:** S-Bahnhof Altdorf
- **Ziel:** Hauptbahnhof Nürnberg
- **Strecke/reine Radelzeit:** 40 km (Streckentour), 3 Std.
- **Höhenmeter:** ↗112 m ↘238 m
- **Wegbeschaffenheit:** Etwa die Hälfte Asphalt und Wald- oder Feldweg. Kaum Steigungen.
- **Beste Zeit:** Frühling bis Herbst.
- **Mitnehmen:** Sonnencreme.
- **Kombinierbar mit:** Tour 1.

DIE RADELPAUSEN

» START
Bahnhof Lauf links der Pegnitz

KM 0,5
1 Wenzelburg
Blick auf Lauf

KM 4
2 Radweg Industriegeschichte
Geschichte zum Anfassen

KM 13
3 Biergarten Stadtpark
Zu Markte gesessen

KM 14
4 KZ-Dokumentationsort
Schatten der Vergangenheit

4 ZAUBERHAFTES PEGNITZTAL

Die Pegnitz entlang von Lauf nach Neuhaus

Was für eine abwechslungsreiche Strecke! Der Pegnitz von Lauf nach Neuhaus folgend, hat diese Tour alles, was es zum Genussradeln braucht: goldgelbe Felder, bunte Blumenwiesen, lauschige Flussradwege und malerische Ortschaften. Dazu eine gute Dosis Kultur und beinahe schon eine Überdosis Einkehrmöglichkeiten. Und das fast ohne Höhenmeter!

WAS IST DENN JETZT RECHTS UND WAS IST LINKS?

Was Reiseradler:innen ja schon immer irritiert (»Das andere Rechts!«) ist an der Pegnitz noch einmal potenziert. Rechts und links der Pegnitz, aber jetzt flussabwärts oder flussaufwärts gesehen? Ganz einfach: Flussabwärts, also gen Nürnberg. Lauf hat auch zwei Seiten, und die interessantere ist die rechts der Pegnitz, was die Bewohner der linken Seite natürlich bestreiten werden. Den Blick von der historischen Steinbrücke auf Altstadt und **Wenzelburg** teilen sich jedoch beide.

Lauf rechts hat den schöneren Marktplatz, Lauf links den Pegnitzradweg. Erst einmal nicht direkt an der Pegnitz, dafür mit ganz viel Information über die frühindustrielle Vergangenheit des Pegnitztals am **Radweg Industriegeschichte**. Auch in Hersbruck lockt eher der rechte Stadtteil, vor allem mit dem großen **Biergarten Stadtpark** direkt auf dem Marktplatz. Nur nicht versacken! An der Pegnitz ein schlichtes Gedenken an die NS-Zeit. Hier stand ein **Außenlager des Konzentrationslagers Flossenbürg**. Noch geht die Fahrt über weite Felder am Bahndamm entlang, dann wird das Pegnitztal enger. Willkommen in der Fränkischen Schweiz!

DIREKT AN DER PEGNITZ RADELT ES SICH HERRLICH ENTSPANNT

Die Biergarten- und **Hofladen**dichte nimmt zu. Mittagessen im **Pechwirt**? Oder doch im Rast-Waggon am Bahnhof Rupprechtstegen? Und dann gleich rein in den Zug, abkürzen? Das wäre schade, denn ab Rupprechtstegen zeigt sich das Pegnitztal in seiner ganzen Schönheit. Erst sanft – da steht dann wunderbarerweise auch eine Parkbank – dann spektakulär. Es ist gerade einmal Platz für Fluss, Radweg und Straße. Der Eisenbahn bleibt nur eine Abfolge von Tunneln und Viadukten. Ein riesiges Hindernis für die geplante Elektrifizierung. Schroff die Felsen auf beiden Seiten, und trotzdem hat das Pegnitztal etwas Liebliches.

Neuhaus in Sicht! Genauer gesagt die **Burg Veldenstein**. Ganz schön steil, der Weg hier hoch. Aber es lohnt sich. Der Blick über Fränkische Schweiz, Frankenwald und Fichtelgebirge ist spektakulär. «

Skulptur »Silberrücken« von Christian Rösner

Bahnhof Lauf links der Pegnitz

Bergab rollen lassen Richtung Altstadt.

Brücke zur Wenzelburg

1 Wenzelburg

Blick auf Lauf

Lauf lag an der »Goldenen Straße«, die im Mittelalter Nürnberg und Prag verband. Entsprechend viele Sehenswürdigkeiten aus der goldenen Zeit gibt es hier zu sehen. Am spektakulärsten ist jedoch die Wenzelburg direkt an der steinernen Brücke über die Pegnitz. Kaiser Karl IV., der mit Geburtsnamen Wenzel hieß, ließ sie im 14. Jahrhundert als letzte Übernachtungsstation vor Nürnberg errichten. Welch gewaltiger Bau – da nimmt sich die Statue Wenzels oberhalb des Eingangstores fast bescheiden aus. Der Blick von der Burg auf Lauf macht Lust auf mehr. Wie wäre es mit einer kleinen Runde über den Marktplatz?

Mit dem Rücken zur Brücke der Straße folgen, an der Kreuzung rechts und dann gleich wieder rechts auf die Nebenstraße.

KM 4

2 Radweg Industriegeschichte

Geschichte zum Anfassen

»Radweg Industriegeschichte« klingt erst einmal wenig charmant. Vor den Augen des skeptischen Fahrradfreaks erscheint das Bild von rauchenden Schornsteinen, von öden Fabrikhöfen. Doch weit gefehlt: Ab Lauf stehen immer wieder Tafeln am Weg, die ausführlich erklären, welch industrieller Boom im 19. Jahrhundert im Pegnitztal herrschte – und sehen, ja manchmal sogar anfassen kann man, was davon noch übrig ist. Die Tour folgt diesem spannenden Radweg zwischen Lauf und Ottensoos. Wie wäre es mit einem Abstecher zum Kulturbahnhof Ottensoos?

Dem Wegweiser nach Hersbruck folgen.

Ein Stück Industriegeschichte

Biergarten Stadtpark

KM 13

3 Biergarten Stadtpark

Zu Markte gesessen

Zugegeben, die Versuchung ist groß, vor allem wenn es heiß ist und der Stadtpark, der zentrale Biergarten Hersbrucks, mit Schatten und kühlen Getränken lockt. Die Gefahr, die Tour hier wegen Gemütlichkeit abzubrechen, ist auf jeden Fall gegeben. Also: Ein kurzes Getränk, die Füße einen Moment hochlegen und die einmalige Atmosphäre genießen. Manchmal, meist abends, gibt es auch Livemusik, da wird das Weiterfahren dann je nach Musikgeschmack leichter oder schwieriger. Stadtpark – Außengastronomie mit Herz, Unterer Markt 1, Hersbruck.

Dem Biergarten den Rücken kehren, am Schloss vorbei durchs Tor zur Mühlstraße, am Kreisel die erste kleine Abfahrt und dann dem Obermühlweg folgen.

KM 14

4

KZ-Dokumentationsort

Schatten der Vergangenheit

Traurige Bekanntheit erlangte Hersbruck als Außenlager des KZ Flossenbürg. Im benachbarten Happurg mussten männliche Häftlinge ein Stollensystem zur unterirdischen Produktion von Flugzeugmotoren graben. An die über 9000 Häftlinge, von denen über 4000 nicht überlebten, erinnert eine Skulptur des ehemaligen Häftlings, des Künstlers und Philosophieprofessors Vittore Bocchetta, und eine kleine begehbare, trapezförmige Gedenkstelle, in der die Namen der 9000 Häftlinge auf einen Medientisch projiziert werden. (gedenkstaette-flossenbuerg.de/de/besuch/ausstellungen/hersbruck-happurg)

EINEN MOMENT INNEHALTEN

Weiter die Pegnitz flussaufwärts bis zur Therme, dort links und an der Hauptstraße rechts.

Skulptur in Gedenken an das KZ-Außenlager

Uriger Dorfladen Vogelbeere

KM 25,5

5 Dorfladen Vogelbeere
Eine Vogelbeere für alle

Ach, gäbe es nur Läden wie diesen in jedem Ort. Auf der einen Seite Tante-Emma-Laden mit Sachen des täglichen Bedarfs, Poststelle und Kiosk, auf der anderen gemütliches Café mit Außenplätzen. Dazu noch regionale Produkte aus der unmittelbaren Umgebung. Nur Vogelbeeren wurden im Laden noch nicht gesichtet. Auf jeden Fall der ideale Ort, um eine Kaffeepause einzulegen. (facebook.com/die.vogelbeere)

Den Wegweisern nach Artelshofen folgen.

6 Landgasthaus Beim Pechwirt
Hoffentlich kein Pech

Einst war die Fränkische Schweiz für ihre enorme Gasthausdichte bekannt. Vor allem zwischen Eschenbach und Velden hätte man von Gaststätte zu Gaststätte radeln können, mit vollem Bauch, angeschlagener Leber und einer Tagesleistung von weniger als 20 Kilometern. Leider haben viele Traditionsgaststätten in den letzten Jahren aufgegeben. Geblieben ist unter anderem der Pechwirt, zum Glück. Urfränkisch, frisch und saisonal heißt das Motto, und das kommt an. Ohne Reservierung wird es in der Saison allerdings schwierig. Hier bekommen hungrige Radler:innen warme Küche und kühles Bier. (beim-pechwirt.de)

Der Ausschilderung nach Neuhaus folgen. Der Bahnhof Rupprechtstegen liegt rechts vom Radweg auf einer kleinen Anhöhe. Zurück zur Pegnitz und dann immer am Fluss entlang.

Mit etwas Glück ist ein Platz frei beim Pechwirt

Burg Veldenstein

KM 41,5

7 Burg Veldenstein

Auf Franken blicken

Zugegeben, es braucht ein wenig Überwindung. So eine Burg, die ist ja auch ganz schön von unten zu betrachten. Ja, es ist steil und der Anstieg zieht sich. Ist der Akku, Rad oder Körper, noch voll, dann lohnt es sich auf jeden Fall, den beschwerlichen Anstieg zur Burg Veldenstein auf sich zu nehmen. Eine schönere Aussicht auf gefühlt ganz Franken hat man selten in der Region. Fand auch – Schatten der Vergangenheit – Hermann Göring, der im Herrenhaus aufwuchs, später die Burg kaufte und sich meist während der Wagnerfestspiele dort einquartierte. Die angeblich vor Ort versteckten Kunstschätze entpuppten sich nach 1945 jedoch vor allen Dingen als Wein, Sekt und Cognac.

Über die Burgstraße und die Kirchgasse zum Unteren Markt und dann auf die Bahnhofsstraße.

EXTRA INFOS:

Verlassener Bahnhof? Nichts zu Essen und zu Trinken, bevor der Zug abfährt? Nicht so im ● **Bahnhof Rupprechtstegen**, wo zwar ein alter Personenwagen auf dem Abstellgleis steht, der dafür aber als Restaurant genutzt wird. Nicht ausschließlich dort, auch im Bahnhofsgebäude und davor kann man bequem sitzen und bekommt selbst montags, wenn der Pechwirt (Stopp 6) und so ziemlich alle anderen Gaststätten zu haben, etwas zu Essen. Am Bahnhof 3, Hartenstein.

Falls der Bierdurst noch nicht gestillt ist und es einmal eine Spezialität aus der nachbarschaftlichen Oberpfalz sein soll: Das ● **GrenZ-Zoigl Ranna** bietet nicht nur süffigen Zoigl, sondern auch die entsprechende Atmosphäre, inklusive Biergarten. (grenzzoigl.de)

Aus einer Privatinitiative hervorgegangen geht es im ● **Kulturbahnhof Ottensoos** um die Frage, wie sich Nachhaltigkeit umsetzen lässt. Die Dauerausstellung mit den Zyklen »Genesis«, »Zeiten«, »Lichtbilder«, »Wandbild« und die »Bahnhofsstory« erschließt sich durch ein Audiosystem mit QR-Codes. (kulturbahnhof-ottensoos.de)

KM 42 » ZIEL

Bahnhof Neuhaus

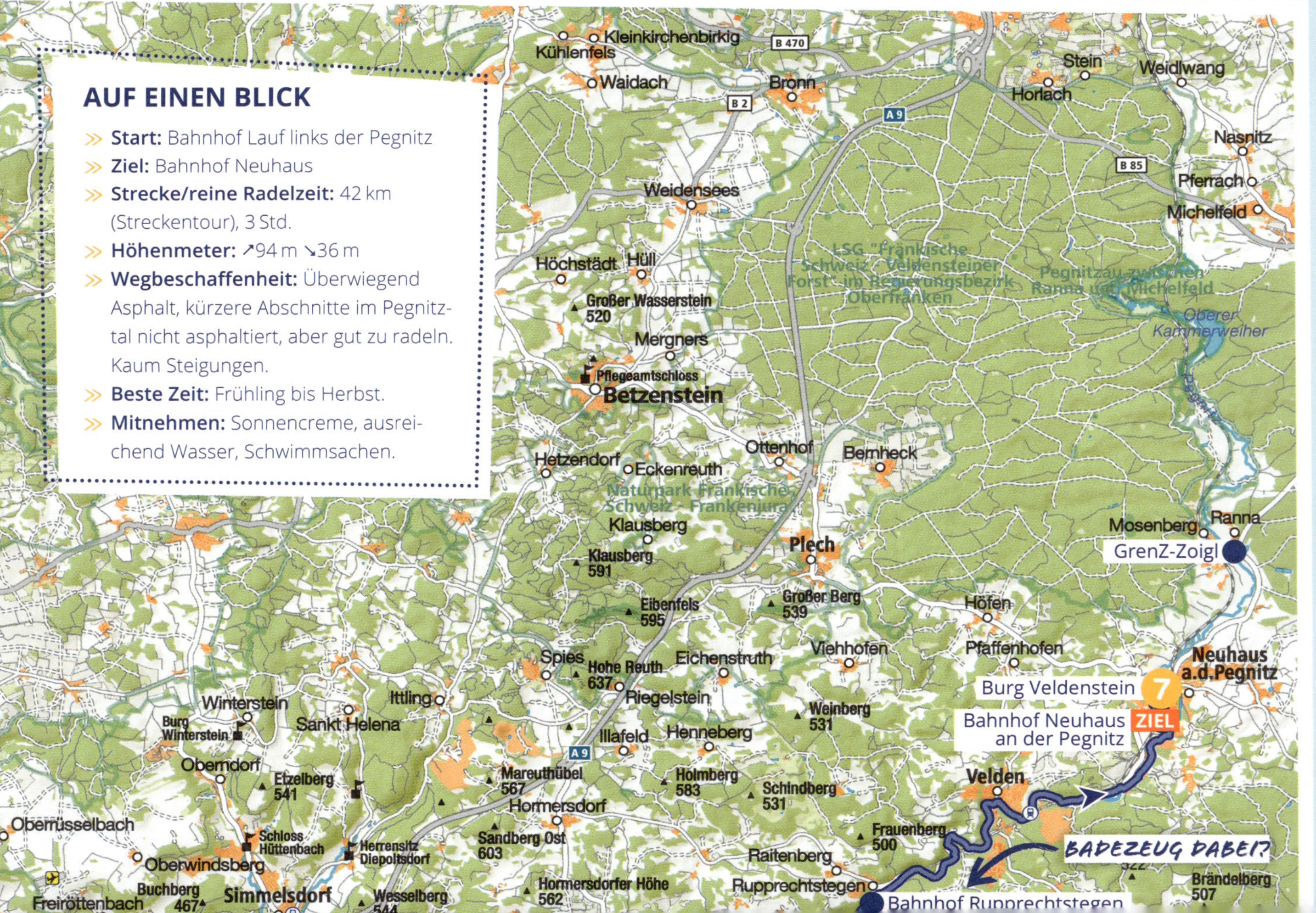

AUF EINEN BLICK
» Start: Bahnhof Lauf links der Pegnitz
» Ziel: Bahnhof Neuhaus
» Strecke/reine Radelzeit: 42 km (Streckentour), 3 Std.
» Höhenmeter: ↗94 m ↘36 m
» Wegbeschaffenheit: Überwiegend Asphalt, kürzere Abschnitte im Pegnitztal nicht asphaltiert, aber gut zu radeln. Kaum Steigungen.
» Beste Zeit: Frühling bis Herbst.
» Mitnehmen: Sonnencreme, ausreichend Wasser, Schwimmsachen.
Kleinkirchenbirkig
Kühlenfels
Waidach
B 470
B 2
Bronn
A 9
Stein
Horlach
Weidlwang
Nasnitz
B 85
Pferrach
Michelfeld
Weidensees
Höchstädt
Hüll
Großer Wasserstein 520
Mergners
Pflegeamtschloss
Betzenstein
LSG "Fränkische Schweiz - Veldensteiner Forst" im Regierungsbezirk Oberfranken
Pegnitzau zwischen Ranna und Michelfeld
Oberer Kammerweiher
Pegnitz
Hetzendorf
Eckenreuth
Ottenhof
Bernheck
Naturpark Fränkische Schweiz - Frankenjura
Klausberg
Klausberg 591
Plech
Mosenberg
Ranna
GrenZ-Zoigl
Eibenfels 595
Großer Berg 539
Höfen
Spies
Hohe Reuth 637
Eichenstruth
Viehhofen
Pfaffenhofen
Neuhaus a.d.Pegnitz
Riegelstein
Ittling
Winterstein
Burg Winterstein
Sankt Helena
Burg Veldenstein
7
Weinberg 531
Bahnhof Neuhaus an der Pegnitz
ZIEL
Illafeld
Henneberg
Oberndorf
Etzelberg 541
Mareuthübel 567
Holmberg 583
Schindberg 531
Velden
Hormersdorf
Oberrüsselbach
Schloss Hüttenbach
Herrensitz Diepoltsdorf
Sandberg Ost 603
Frauenberg 500
BADEZEUG DABEI?
Oberwindsberg
Raitenberg
Buchberg 467
Simmelsdorf
Wesselberg
Hormersdorfer Höhe 562
Rupprechtstegen
Brändelberg 507
Freiröttenbach
Bahnhof Rupprechtstegen

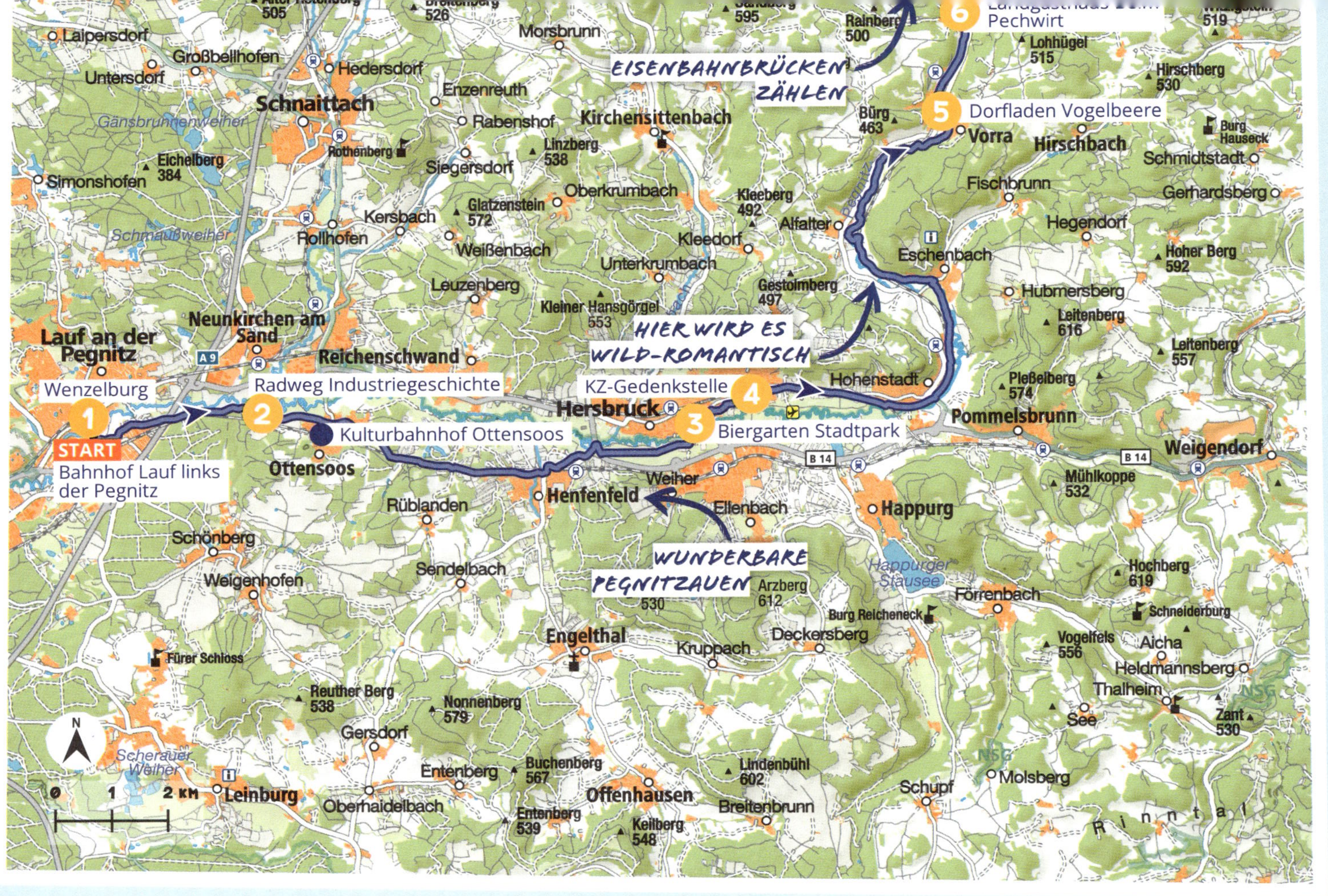

START
1 Wenzelburg
Bahnhof Lauf links der Pegnitz
2 Radweg Industriegeschichte
Kulturbahnhof Ottensoos
3 Biergarten Stadtpark
4 KZ-Gedenkstelle
5 Dorfladen Vogelbeere
6 Pechwirt
EISENBAHNBRÜCKEN ZÄHLEN
HIER WIRD ES WILD-ROMANTISCH
WUNDERBARE PEGNITZAUEN
Lauf an der Pegnitz
Neunkirchen am Sand
Schnaittach
Reichenschwand
Ottensoos
Hersbruck
Henfenfeld
Happurg
Pommelsbrunn
Weigendorf
Hohenstadt
Eschenbach
Vorra
Hirschbach
Kirchensittenbach
Engelthal
Offenhausen
Leinburg
0 1 2 KM

DIE RADELPAUSEN

» START
Bahnhof Fürth

KM 3

Fürth fährt Rad
Räder zählen

KM 4
2 Zusammenfluss von Pegnitz und Rednitz
Es klappert das Mühlrad

KM 8
3 Solarberg
Energie anschauen

5 EIN HAUCH VON ZEN

Durch das Zenntal nach Cadolzburg

Malerische Flussläufe an Pegnitz, Regnitz und Zenn, die mittelalterlichen Städtchen Langenzenn und Cadolzburg locken mit kulinarischen Versuchungen. Zwischendrin grüßen Enten und ein nachhaltig gewordener Müllberg. Zum Abschluss noch lecker Eis essen: eine Tour, die man bei gutem Wetter auch mal spontan machen kann.

ENTEN WATSCHELN ...

... laut schnatternd über die Wiese. Ziemlich erstaunlich, wie ungerührt das Federvieh von all den Fahrrädern ist. Und das sind viele, wie die schicke **Zählsäule** anzeigt. Enten begleiten die Fahrt noch ein wenig, bis die Pegnitz dann mit der Rednitz zusammenfließt und die Regnitz bildet. **Pegnitz, Rednitz, Regnitz,** müssen die Franken es so kompliziert machen? Am Zusammenfluss ein schönes altes Mühlrad mit Sitzgelegenheit. Kurz nachdenken: Genau, jetzt geht es die Regnitz entlang. Allerdings nur ein Stück, dann grüßt in der Sichtachse der **Solarberg**. Energie für eine kleine Bergtour? Wenn nicht, dann direkt zur Zenn, unter dem Main-Donau-Kanal hindurch. Ja, unter, richtig gelesen, der Kanal fließt über eine Brücke.

HERRLICH: ÜBER DIE FELDER ROLLEN MIT BLICK AUF DIE CADOLZBURG

Ein Stück über die Wiese, danach erst einmal Dörfer-Hopping: Ritzmannshof, Kreppendorf, Veitsbronn. Der eine oder andere Hofladen, einer mit dem bizarren Namen »Sauerei«, sicher nichts für Veganer! Dann aber ganz viel Wald, Wiese, Fluss, Natur. Ein kurzer botanischer Lehrpfad.

Und schließlich mit Langenzenn ein wunderbar herausgeputztes mittelalterliches Städtchen, vom Mittelalter bis zur Eröffnung der Bahnlinie Würzburg–Fürth–Nürnberg 1865 wichtiger Verkehrsknotenpunkt, danach ein wenig in Dornröschenschlaf versunken. Sprich: Für den Besucher viel zu sehen, aber keine Hektik. Vor allem nicht in der **Oase**, dem gemütlichen Biergarten im alten Stadtgraben an der Zenn.

Besser als sein Ruf: Fürth

Frisch gestärkt geht es dann ein wenig nach oben. Zur Abwechslung mal kein Wald, keine Wiesen, keine Felder, sondern Haselnussplantagen. Es hügelt weiter die nächsten Kilometer. Auf Wiedersehen, Zenn, hallo, **Cadolzburg**! Was für ein Anblick! Schon von Weitem grüßt die Burg. Die paar zusätzlichen Höhenmeter ist das auf jeden Fall wert, vor allem die Aussicht. Das schreit nach einer Belohnung! Die erfolgt prompt an Loisl's Eisdiele. «

Fleisch ist des Franken Gemüse

Schon von Weitem sichtbar: die Cadolzburg

Weggefährten auf den Pegnitzauen

RADELN & GENIEßEN

»START
Bahnhof Fürth

Über Hornschuchpromenade und Jakobinerstraße zur Pegnitz, links abbiegen und dann dem Fluss folgen.

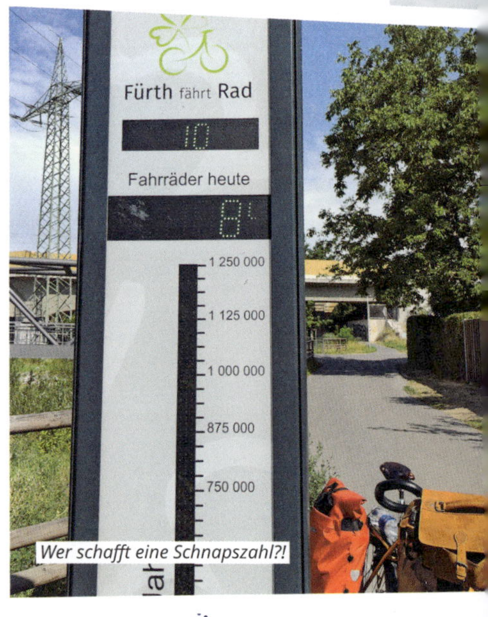

Wer schafft eine Schnapszahl?!

KM 3

1 Fürth fährt Rad

Räder zählen

Eine, und noch einer. Reger Radverkehr hier in Fürth, vor allem an der Pegnitz. Und nicht nur Radreisende, vor allem Pendler:innen scheinen die wunderbar autofreie Strecke zu nutzen. Gerade biegt ein Radrennfahrer mit Karacho um die Ecke. Misst die Zählsäule auch die Geschwindigkeiten? Und wenn jetzt eine der vielen Enten mit Schmackes an der Säule vorbeifliegt oder -watschelt? Insgesamt drei gibt es von den Säulen, die seit 2023 in Betrieb sind. Sie sind Teil des Radverkehrsprogramms, das unter dem Motto »Fürth fährt Rad« steht und das Fahrradfahren fördern soll. Die gesammelten Daten können von der Verkehrsplanung für zukünftige konzeptionelle und infrastrukturelle Planungen genutzt werden. Hier wird auf jeden Fall kräftig gezählt.

Weiter dem ausgeschilderten Pegnitzradweg folgen.

Mühlrad am Zusammenfluss von Pegnitz und Rednitz

Solarberg kurz hinter Fürth

KM 4

2 Zusammenfluss von Pegnitz und Rednitz
Es klappert das Mühlrad

Was für ein schönes Wasserrad! Und was für ein schöner Ort, um eine Rast einzulegen. Das Rad markiert zudem den Ort, wo Pegnitz und Rednitz zusammenfließen und die Regnitz bilden. Für Franken ein beinahe mystischer, bedeutungsvoller Ort. Vor 2007 war dieser Platz aber ziemlich heruntergekommen. Eine ummauerte Aussichtskanzel, die den Zugang zum Wasser verwehrte, bröckelte langsam vor sich hin. Heute lädt der Ort definitiv zum Verweilen ein. Das Wasserrad ist ebenfalls neueren Datums und erinnert wie viele andere entlang des Flusses an die alte Bewässerungstechnik entlang der Regnitz.

Noch ein kleines Stück die Regnitz entlang und dann dem Wegweiser nach Langenzenn folgen.

KM 8

3 Solarberg
Energie anschauen

Sieht gewaltig aus, aber was ist es? Ein Berg, gut, aber wie kommt der hierher? Immerhin 57 Meter Höhe bringt er zwischen Radweg und Gipfel. Kaum zu glauben: Es ist im Inneren ein Müll- und Schuttberg, im Volksmund scherzhaft »Monte Scherbelino« oder »Tell Schutt« genannt. Der Berg symbolisiert den Sinneswandel im Umgang mit Umwelt und Natur in den letzten Jahrzehnten. Aus dem ehemaligen Müllberg wurde der Solarberg. 2003 beschloss der Fürther Stadtrat, auf der Südseite des Berges eine Fotovoltaikanlage zu bauen, insgesamt 5760 Solarmodule auf einer Fläche von 1,7 Hektar, damit können knapp 250 Haushalte mit Strom versorgt werden. Das schont das Klima. Und der Berg ist ein echter Hingucker geworden. Schöner als ein Berg Müll allemal.

Der Ausschilderung Richtung Langenzenn folgen.

KM 22,5

4 Biergarten Oase

Schlemmen an der Zenn

Die Tour führt ja durch einige schnuckelige Orte. Man bekommt förmlich Lust, sich irgendwo hinzusetzen und die Atmosphäre einzusaugen. Vor allem in Langenzenn, das wäre doch schön! Und ist es auch. Schöner könnte der Ort für einen Biergarten nicht sein, direkt zwischen Zenn und Altstadt. Die Oase wird ihrem Namen auf jeden Fall gerecht und hat vor allen Dingen auch geöffnet, wenn die meisten anderen Einkehrmöglichkeiten geschlossen haben. Es gibt das übliche Biergartenessen, lokales Bier vom Fass in mehreren Sorten und natürlich auch Kaffee und Kuchen. Sind Kinder dabei, freuen die sich über den angeschlossenen Spielplatz. (biergartenoase.de)

Ein kleines Stück noch die Zenn entlang, dann dem Radwegweiser Cadolzburg folgen.

Kulturbiergarten Oase

Und zum Abschluss lecker Eis!

KM 28

5 Cadolzburg

Blick auf die Burg

Die Stadt kündigt sich schon von Weitem an. Besser gesagt: die namensgebende Cadolzburg. Was für ein gewaltiges Gebäude, das da über der Stadt thront. Urkundlich erwähnt wurde die Burg im Jahre 1157, wahrscheinlich gab es hier aber schon im 8. Jahrhundert eine Befestigung, die Burg des Kadold, benannt nach dem Grafen, der hier wohl Burgherr war. Womit auch der Stadtname geklärt wäre. Cadolzburg selbst ist wie so viele Städte und Dörfer in der Region wunderbar herausgeputzt, mit vielen mittelalterlichen Gebäuden. Besonderheit: Es geht ganz schön nach oben im Ort. Dafür ist die Aussicht nicht nur auf die, sondern auch von der Burg atemberaubend.

Bis in die Ortsmitte zum Marktplatz.

KM 30,5

6 Loisl's Eiscafé

Eis schlecken

Angekommen! Ganz schön schweißtreibend, der Weg hinauf zum Marktplatz von Cadolzburg. Da kommt eine Eisdiele ganz recht. Das Eis ist hausgemacht, lecker, und es gibt schattige Außenplätze. Da kann man entspannt die müden Füße ausstrecken, Eis schlecken und das beschauliche Leben einer typischen mittelfränkischen Kleinstadt an sich vorbeiziehen lassen. Die gute Nachricht: Von der Eisdiele zum Bahnhof geht es ausschließlich bergab! (facebook.com/loislseiscafe)

Zum Bahnhof rollen.

EXTRA INFOS:

Tausche kurze Extrastrecke gegen Baudenkmal mit Aussicht. Der ● **Aussichtsturm Cadolzburg**, im Volksmund schlicht »Bleistift« genannt, bietet einen fantastischen Blick auf den Rangau und ist auch selbst ein Hingucker. (www.cadolzburg.de/kultur-freizeit/freizeit-erholung/sehenswertes/aussichtsturm)

KM 31,5 » ZIEL

Bahnhof Cadolzburg

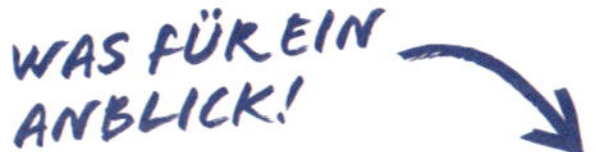

Die Cadolzburg

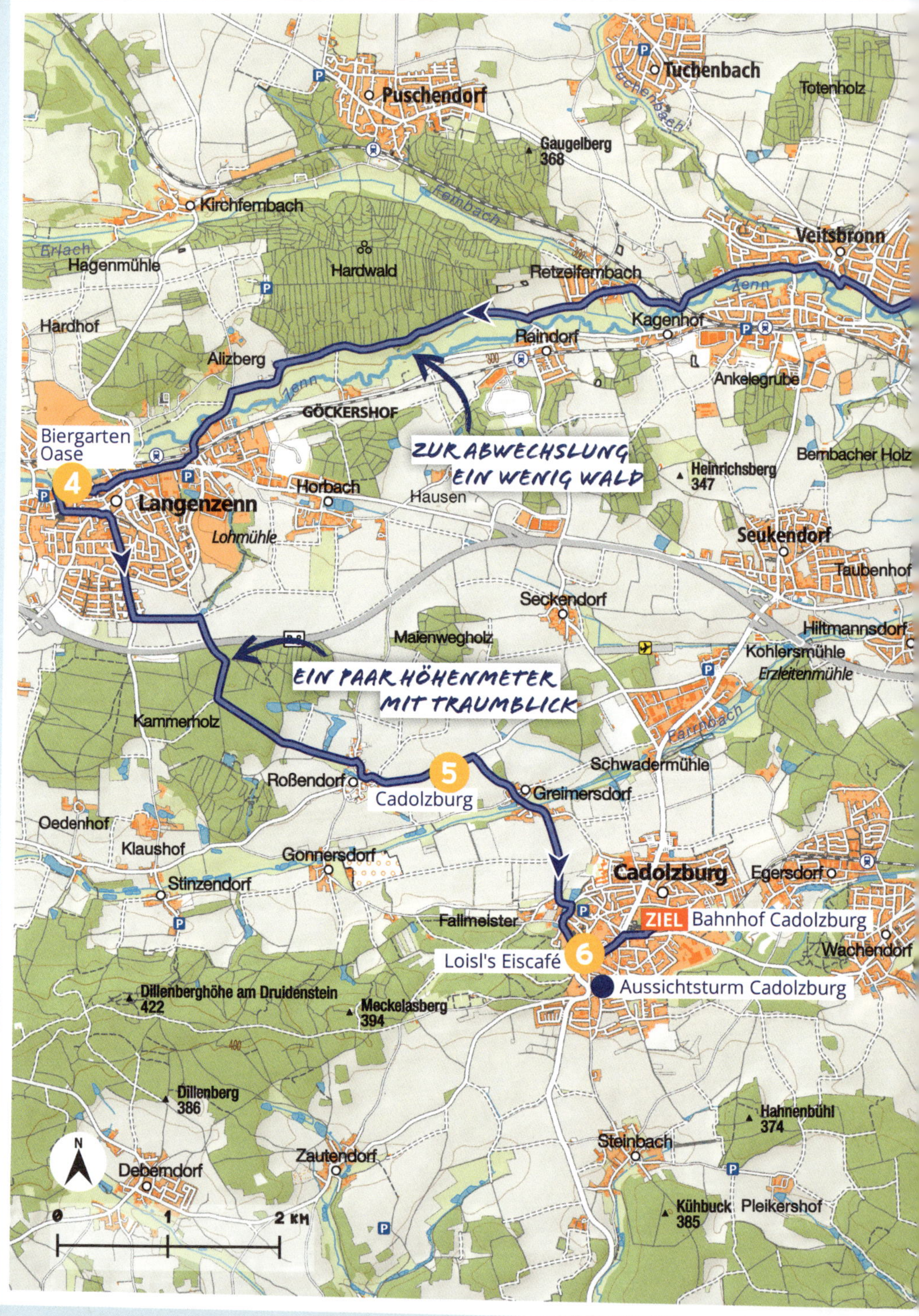

Tuchenbach
Puschendorf
Totenholz
Gaugelberg 368
Kirchfembach
Fembach
Veitsbronn
Erlach
Hagenmühle
Hardwald
Retzelfembach
Zenn
Hardhof
Kagenhof
Raindorf
Alizberg
Ankelegrube
GÖCKERSHOF
Biergarten Oase
4
ZUR ABWECHSLUNG EIN WENIG WALD
Bernbacher Holz
Heinrichsberg 347
Horbach
Hausen
Langenzenn
Lohmühle
Seukendorf
Taubenhof
Seckendorf
Hiltmannsdorf
Maienwegholz
Kohlersmühle
Erzleitenmühle
EIN PAAR HÖHENMETER MIT TRAUMBLICK
Kammerholz
Schwadermühle
5
Roßendorf
Cadolzburg
Greimersdorf
Oedenhof
Klaushof
Gonnersdorf
Cadolzburg
Egersdorf
Stinzendorf
Fallmeister
ZIEL Bahnhof Cadolzburg
Wachendorf
6
Loisl's Eiscafé
Aussichtsturm Cadolzburg
Dillenberghöhe am Druidenstein 422
Meckelasberg 394
Dillenberg 386
Hahnenbühl 374
Steinbach
N
Debemdorf
Zautendorf
Kühbuck 385
Pleikershof
0
1
2 KM

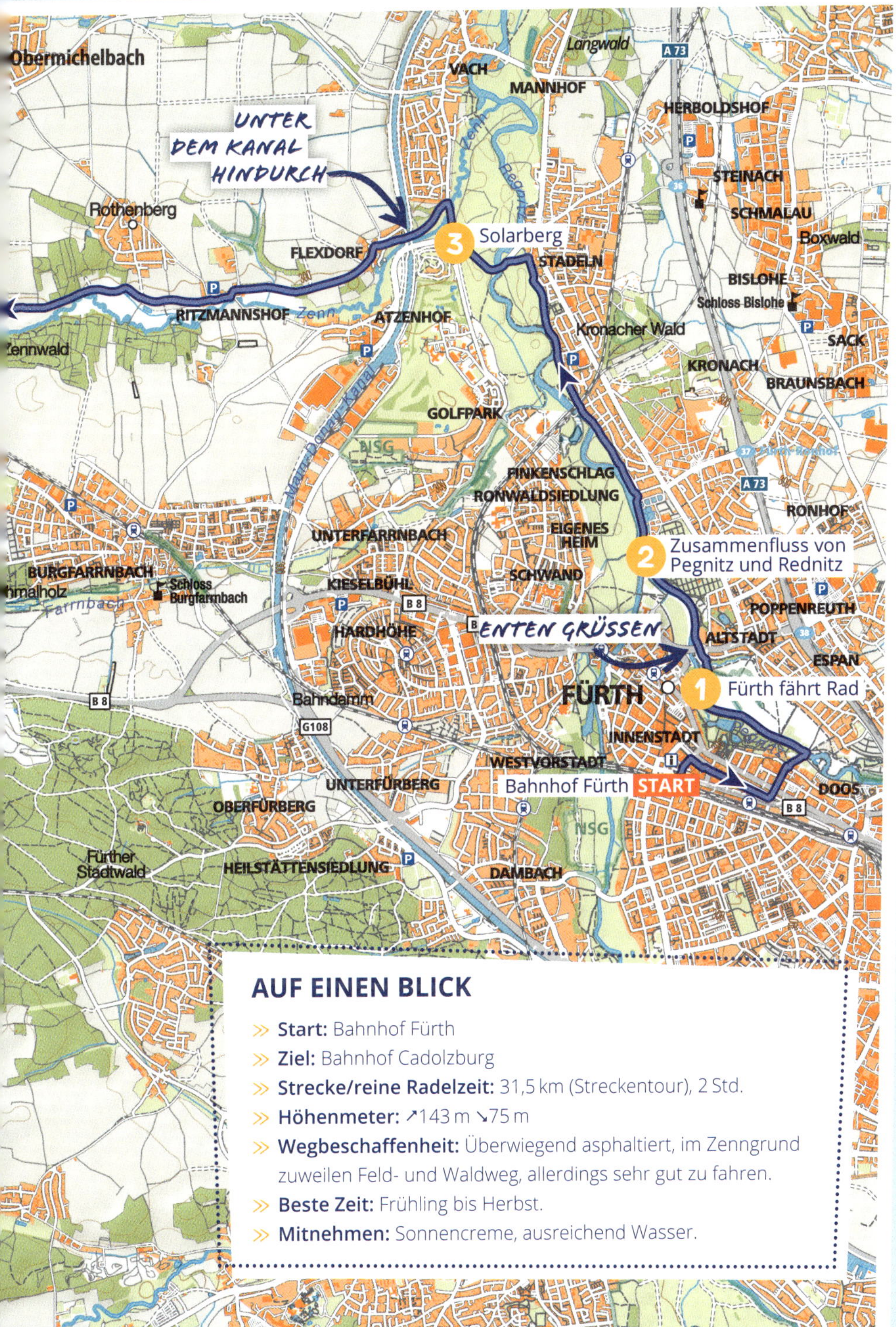

AUF EINEN BLICK

» **Start:** Bahnhof Fürth
» **Ziel:** Bahnhof Cadolzburg
» **Strecke/reine Radelzeit:** 31,5 km (Streckentour), 2 Std.
» **Höhenmeter:** ↗143 m ↘75 m
» **Wegbeschaffenheit:** Überwiegend asphaltiert, im Zenngrund zuweilen Feld- und Waldweg, allerdings sehr gut zu fahren.
» **Beste Zeit:** Frühling bis Herbst.
» **Mitnehmen:** Sonnencreme, ausreichend Wasser.

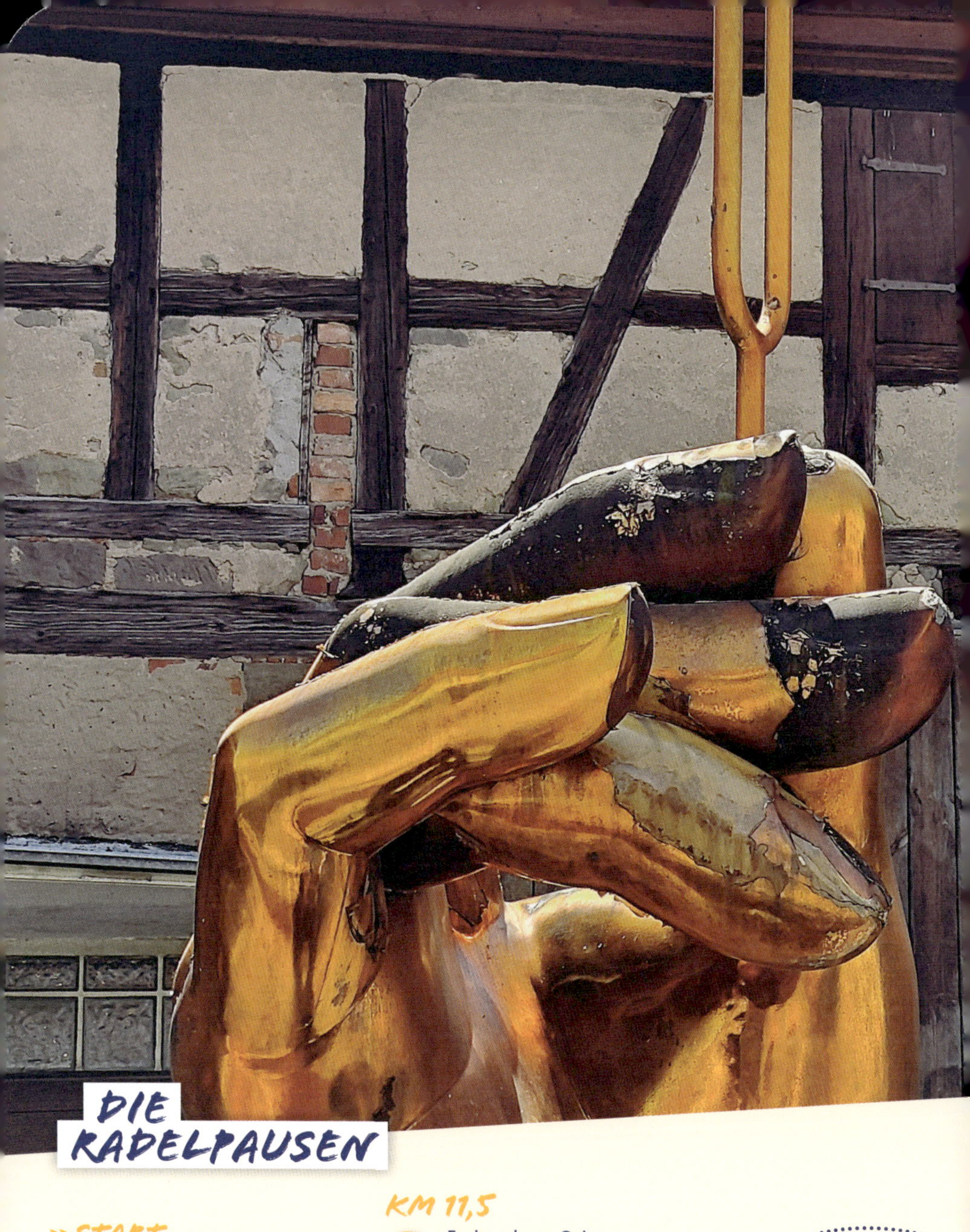

DIE RADELPAUSEN

» START
Bahnhof Bad Windsheim

KM 1
1 Gradierwerk Bad Windsheim
Tief durchatmen

KM 11,5
2 Freimarkung Osing
Bauernlotterie

KM 23
3 Landgasthof im Ehegrund
Satt werden

Von Bad Windsheim nach Neustadt an der Aisch

Am Anfang steht Wellness, am Ende grüßt der Karpfen. Dazwischen lernt man eine Menge über erstaunliche Traditionen, taucht tief ein ins Landleben, radelt durch wunderbare Täler und hat fantastische Ausblicke. Auch kulinarisch ist eine Menge geboten an der Grenze zwischen Bier- und Weinfranken.

KNEIPPEN ODER INHALIEREN?

Nasse Füße sind nichts beim Radfahren, also eine Runde durch das **Gradierwerk** beziehungsweise -häuschen, die Lungen ein wenig einsalzen. Letzter Blick auf den Bad Windsheimer Kurpark, und dann dünnt die Bebauung auch schon aus und die Fahrt geht durch hügelige Landschaft.

Frische Landluft. Es wird geodelt. Und das ist keine Form des Jodelns, bei dem man einen Konsonanten verschluckt. Für alle Nicht-Bayern, auf gut Deutsch: Es wird gedüngt, und das riecht man. Es riecht aber auch nach frisch gemähtem Gras, und wer die Muße hat, kurz abzusteigen, kann seine Nase mit Blumenduft verwöhnen.

EIN HIGHTLIGHT FÜR RADLER:INNEN: DURCH DIE HERRLICHEN AISCHAUEN MÄANDERN

Eine intensiv genutzte Landschaft, weite Felder und Wiesen, zwischendrin immer wieder kleine verschlafene Dörfer. Bäche mäandern durch die Täler, und davon gibt es viele auf der Tour. Ein beständiges, glücklicherweise gemäßigtes Auf und Ab mit wunderschönen Blicken auf den Steigerwald.

Was **Osing** wohl zu einem Ort immateriellen Kulturerbes macht? Interessant, eine Art Bauernlotterie! Die Landschaft weiterhin stark landwirtschaftlich geprägt, ohne monoton zu sein. Wenige Abschnitte sind ausgewiesene Radwege, die Strecke geht über kaum befahrene Landstraßen mit meist ausgezeichnetem Asphalt. Es rollt gut, und es wird flacher. Zeit für eine Pause. Im **Ehegrund**, so heißt das Wirtshaus, fränkische Küche vom Feinsten mit riesigen Portionen. Da kann der nächste Berg kommen!

Kommt aber nicht, denn es geht ins Aischtal, berühmt für seine Karpfen. Vor den Karpfen hat der Fahrradgott aber noch das Eis gesetzt. An **Lara's Dorfeis** kann man einfach nicht vorbeiradeln. Dann aber bittet das Schuppenvieh um Aufmerksamkeit, und man lernt beim **Diespecker Teichwirt** so einiges über die Aisch und ihre Bewohner. Eine Runde durch Neustadt an der Aisch oder über die Aischwiesen direkt zum Bahnhof? Beides schön! Die Wartezeit auf den Zug verkürzt der **Bahnhofsgrieche**. Sollte es an jedem Bahnhof geben!

Blick auf den Kurpark

Das Gradierwerk

Felder bis zum Horizont

RADELN & GENIEßEN

» START

Bahnhof Bad Windsheim

Links auf die Eisenbahnstraße, links auf die Jahnstraße, dann leicht links auf die Erkenbrechtallee abbiegen.

Blick ins Gradierwerk

KM 1

Gradierwerk Bad Windsheim

Tief durchatmen

Schön angelegt ist er, der Bad Windsheimer Kurpark. Und hat an seinem nördlichen Ende noch eine kleine Besonderheit. Gradierwerke, das sind diese monströsen Bauten, an denen Sole über Reisig geleitet wird, damit man die Salzluft inhalieren kann, gibt es einige in Deutschlands Bädern. In Bad Windsheim ist es ein Gradierwerkchen, genauer gesagt: ein Gradierpavillon, zum entspannten Inhalieren in einem kleinen Holzhäuschen. Macht die Bronchien frei, fördert die Atmung und ist der ideale erste Stopp für die heutige Tour. Danach radelt es sich deutlich leichter!

Weiter Richtung Norden durch den erweiterten Kurpark auf die Straße nach Oberntief. Dort weiter über Unterntief und Humprechtsau.

Hier wird um Land gelost

KM 11,5

2 Freimarkung Osing

Bauernlotterie

Man stelle sich das heute vor: Alle zehn Jahre treffen sich die Bauern eines bestimmten Landstriches, und dann wir gelost, wer in der nächsten Dekade welches Land bestellt. Undenkbar? Nicht so in der sogenannten Freimarkung Osing, welche zu keiner der vier angrenzenden Gemeinden gehört. Immer, wenn das Jahr auf vier endet, also 2014, 2024 und dann wieder 2034, wird per Los bestimmt, wer welche Fläche des 274 Hektar großen Gebietes bestellen darf. Und es funktioniert, seit dem 15. Jahrhundert. So erstaunlich, dass am Wegrand ein Gedenkstein steht und ein paar Infotafeln.

Über Krautostheim, Markt Nordheim und Ezelheim nach Sugenheim auf die Hauptstraße.

Lecker essen im Ehegrund

KM 23

3 Landgasthof im Ehegrund

Satt werden

Fränkischer wird es nicht mehr! Der Landgasthof im Ehegrund ist der Inbegriff fränkischer Gastfreundschaft und Küche. Es gibt einfach bodenständiges und dennoch äußerst schmackhaftes Essen. Und die Portionen haben eine Größe, die Radelnde definitiv über die nächsten drei Berge bringt. Wenn man sich denn überhaupt aufraffen kann, man sitzt einfach zu gemütlich. Die Nähe zu Weinfranken macht sich auch bemerkbar: Es ist mehr Wein als Bier auf der Speisekarte. (landgasthof-ehegrund.de)

Über Schloss- und Wiesenstraße Richtung Norden, über Rüdern, Hürfeld und Ullstadt dem Ehebach entlang bis Langenfeld, dort in die Ullstädter Straße.

Kleine Portionen gibt es in Franken nicht

KM 32,5

4 Lara's Dorfeis

Lecker Eis

Selbst wenn es hier kein gutes Eis gäbe, würde man sich hinsetzen. Schöne Sonnenterrasse mit Blick auf den Ehebach, entspannte Atmosphäre. Und endlich mal eine Eisdiele, die nicht aussieht, als hätte sich seit den 1980ern nichts mehr geändert. Modernes, lichtes Design, und ja: Auch das Eis ist gut, sogar ausgezeichnet. Der Kaffee schmeckt auch und die selbst gebackenen Kuchen sind zum Reinlegen. Wäre man nicht auf der Durchreise, dies würde die Lieblingseisdiele werden! (larasdorfeis.de)

Den Wegweisern Richtung Neustadt an der Aisch folgen.

KM 42

5 Diespecker Teichwirt

Dem Karpfen auf den Grund gehen

Berühmt sind sie, die Karpfen aus dem Aischgrund. Und wenn man schon mehrere Kilometer an dem kleinen Fluss entlangradelt, ist es auch interessant, etwas mehr über den Lieblingsfisch der Franken zu erfahren. Und nicht nur über den Karpfen. Am Wegrand steht der Diespecker Teichwirt, eine sympathisch-skurrile Figur aus Eichenholz mit einem goldenen Karpfen in der Hand. Das ist nicht nur ein Hinweis auf die Teichwirtschaft im Aischgrund, der über 7000 Fischteiche aufweist, sondern dient auch als Figurenbeute. Was das ist? Eine Heimstadt für Bienen, bis zu 50 000 Bienen haben in solch einer Beute Platz, und so summt und brummt es auch ordentlich rund um den Teichwirt.

Durch den Aischgrund zum Bahnhof.

Kreativ und gut: Dorfeis von Lara

Karpfen in der Hand, Bienen im Allerwertesten

EXTRA INFOS:

Wenn das Frühstück ausgefallen ist: Gleich am Anfang der Tour lockt mit dem ● **Good** und seiner Volxküche ein etwas anderes, aber absolut empfehlenswertes veganes Café. (goodee.shop)

ES SUMMT DER KARPFEN

KM 46 » ZIEL

Bahnhof Neustadt an der Aisch

KM 46

6 Bahnhofsgaststätte

Griechischer Wein

Hans W. Geißendörfer, der seine Jugend in Neustadt an der Aisch verbrachte, hat in der Lindenstraße dem Nachbarschaftsgriechen ein Denkmal gesetzt. Beim Griechen am Neustädter Bahnhof hat man das Gefühl, dass Geißendörfer diesen zum Vorbild genommen haben könnte. Der Bahnhofsgrieche ist aber jüngeren Datums, scheint jedoch von der Mentalität, dem Design und den Preisen her noch in den 1970er-Jahren verwurzelt zu sein. Das ist durchaus als Kompliment gemeint: In Zeiten, in denen Bahnhöfe meist verwaist sind, sollte jede Stadt ein Bahnhofsrestaurant wie dieses haben: einfach, aber gut. Auf jeden Fall kurzweilig für die Wartezeit auf den Zug. Bahnhof 1, Neustadt an der Aisch.

Schon da!

Retzina zum Abschluss?

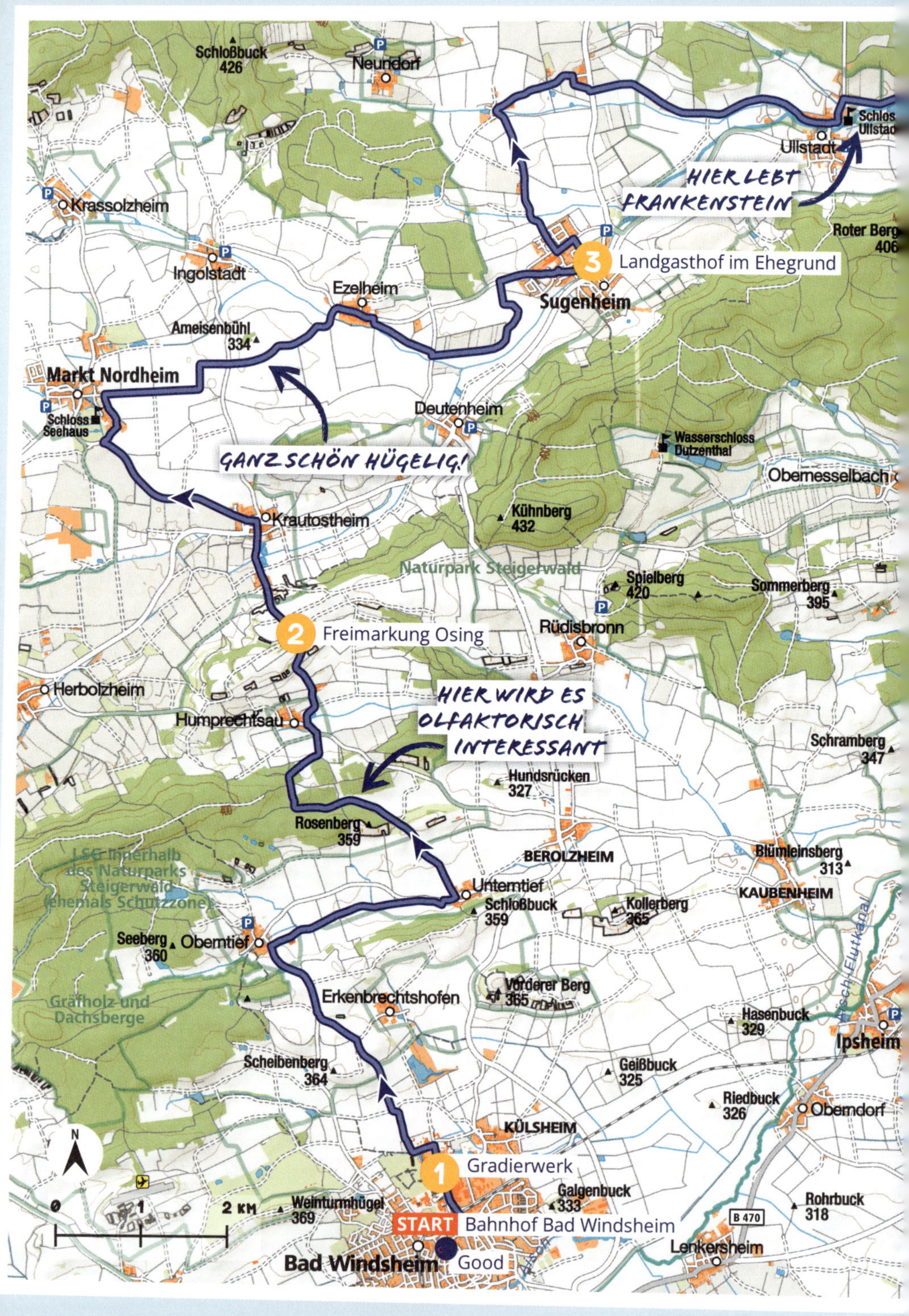
HIER LEBT FRANKENSTEIN
3 Landgasthof im Ehegrund
GANZ SCHÖN HÜGELIG!
2 Freimarkung Osing
HIER WIRD ES OLFAKTORISCH INTERESSANT
1 Gradierwerk
START Bahnhof Bad Windsheim
Good
Schloßbuck 426
Neundorf
Krassolzheim
Ingolstadt
Ezelheim
Sugenheim
Ullstadt
Roter Berg 406
Ameisenbühl 334
Markt Nordheim
Schloss Seehaus
Deutenheim
Wasserschloss Dutzenthal
Obernesselbach
Krautostheim
Kühnberg 432
Naturpark Steigerwald
Spielberg 420
Sommerberg 395
Rüdisbronn
Herbolzheim
Humprechtsau
Schramberg 347
Hundsrücken 327
Rosenberg 359
BEROLZHEIM
Blümleinsberg 313
LSG innerhalb des Naturparks Steigerwald (ehemals Schutzzone)
Unterntief
Schloßbuck 359
Kollerberg 365
KAUBENHEIM
Seeberg 360
Oberntief
Erkenbrechtshofen
Vorderer Berg 365
Gräfholz und Dachsberge
Hasenbuck 329
Ipsheim
Scheibenberg 364
Geißbuck 325
Riedbuck 326
Oberndorf
KÜLSHEIM
Galgenbuck 333
Weinturmhügel 369
Rohrbuck 318
B 470
Lenkersheim
Bad Windsheim
0 1 2 KM

AUF EINEN BLICK

- **Start:** Bahnhof Bad Windsheim
- **Ziel:** Bahnhof Neustadt an der Aisch
- **Strecke/reine Radelzeit:** 46 km (Streckentour), 3 Std.
- **Höhenmeter:** ↗150 m ↘161 m
- **Wegbeschaffenheit:** Überwiegend Asphalt, kürzere Abschnitte nicht asphaltiert, aber gut zu radeln. Einige kürzere Steigungen und Abfahrten.
- **Mitnehmen:** Sonnencreme, ausreichend Wasser.

DIE RADELPAUSEN

» START
Bahnhof Weißenburg

KM 0,5
1 Kastell Biriciana
Römische Spuren entdecken

KM 11
2 Römerkastell Burgus
Rätsel lösen

KM 24
3 Das verlorene Dorf
Sich wie Goliath fühlen

KM 32,5
4 Geschichtsdorf Landersdorf
Gruß an die Kelten

VON RÖMERN UND KELTEN

7

Von Weißenburg nach Hilpoltstein

Die haben nicht wirklich gesponnen, die alten Römer, aber so manche Spur hinterlassen. Wir begegnen so manchem Römer, machen aber auch den Kelten unsere Aufwartung. Dazu die wunderbare Landschaft. Da lohnt der eine oder andere Höhenmeter!

RÖMER SEHEN UND RADELN!

Schon erstaunlich, was hier so alles auf der grünen Wiese steht. Das Thema »Römer« zieht sich durch die Tour, die Nähe zum Limes macht sich mit dem **Kastell Biriciana** deutlich bemerkbar. Aber erst einmal eine Runde durch Weißenburg. Welch imposante, ausgezeichnet erhaltene Stadtmauer und welch schöne Altstadt! Eine ehemalige Freie Reichsstadt, der man den über die Jahrhunderte erworbenen Wohlstand definitiv ansieht. Nur an den Radwegen könnte man noch arbeiten!

Wie auch immer: Schnell lässt man die Stadt hinter sich, es geht durch weite Wiesen, auf denen Pferde grasen. Es heißt Anlauf nehmen auf den Fränkischen Jura. Den braucht man auch, es geht teilweise, vor allem in Oberhochstadt (nomen est omen!) ziemlich steil nach oben. Aber ohne Höhenmeter keine Aussicht, und die ist atemberaubend.

RASANTE SCHUSSFAHRT NACH THALMÄSSING – FÜHLT SICH AN WIE FLIEGEN

Und wieder haben die Römer ihre Spuren hinterlassen. Nur was genau steht da eigentlich auf der Anhöhe? Das Rätsel bleibt ungelöst, dafür begleitet uns nun eine Art Lehrpfad zum **Burgus Burgsalach**. Allerlei skurrile Gestalten aus Metall grüßen vom Wegrand, es gibt einen hölzernen Befestigungsturm und ein **Miniaturdorf** mitten auf der grünen Wiese.

Die Fahrt geht an Bachläufen entlang, durch schattige Waldabschnitte und weiterhin hügelig, meist aber bergab. Bucheckern knacken unter den Rädern. Birkenwälder wiegen sich im Wind, aufgescheuchte Rebhühner flattern über den Feldweg. Träge drehen sich die Windräder. Dann verlangen die alten Kelten nach Aufmerksamkeit. Nach dem **Museumsdorf** erst einmal Schuss bergab ins Tal. In Thalmässing eine Pause im **Eiscafé Venezia**.

Noch warten ein paar Höhenmeter, aber gemächliche: Die Route geht auf der alten Bahntrasse des Gredl-Radweges zur europäischen **Wasserscheide**. Man ahnt es: von dort nur noch bergab, in lang gezogenen Kurven hinunter nach Hilpoltstein. Auch hier wieder ein wunderschöner Marktplatz und dort mit **Gutmann zur Post** ein ausgezeichnetes Restaurant. «

Römer zum Anfassen

Rekonstruktion der römischen Festungsanlage

Durch den Fränkischen Jura

RADELN & GENIEßEN

»START

Bahnhof Weißenburg

Zum Westausgang raus, rechts auf die Kohlstraße und dann links am Römerlager abbiegen.

KM 0,5

1 Kastell Biriciana

Römische Spuren entdecken

Vom Bahnhof radelt man leicht in die falsche Richtung. Was die Tour angeht, wäre es die richtige. Aber es wäre schade, die Überreste der römischen Siedlung um das Kastell Biriciana auszulassen. Der Limes lag nur wenige Kilometer entfernt, hier ließen sich die alten Römer vor mehr als 1800 Jahren häuslich nieder. Vom UNESCO-Welterbe »Grenzen des Römischen Reiches« sieht man nur noch ein paar Grundmauern und ein nachgebautes römisches Kastell. Nicht spektakulär, aber der Hauch der Geschichte ist zu spüren. Oder ist es der Wind, der über die Anhöhe pfeift?

Zurück zum Bahnhof und den Wegweisern erst Richtung Altstadt und dann Richtung Oberhochstadt folgen.

Kaserne, Herberge oder etwas ganz anderes?

Kastell Biriciana

KM 11

2 Römerkastell Burgus

Rätsel lösen

Was ist es denn nun? Den Einheimischen war es lange als »Altes Schlösschen« bekannt, die steinernen Überreste eines Gebäudekomplexes bei Burgsalach. Das Römerkastell Burgus, so der offizielle Name, war je nach Forschungsstandpunkt ein Wohnkomplex nach afrikanischem Vorbild, eine Kaserne oder eine gemütliche römische Herberge. Wie auch immer, es ist schon ziemlich beeindruckend, was da in dem kleinen Wäldchen auf der gerade erklommenen Anhöhe auftaucht. Die Neugierde ist auf jeden Fall geweckt.

Weiter auf den Römererlebnispfad, am Holzturm links abbiegen. Über Raitenbuch und Bechthal nach Gersdorf, hier rechts abbiegen.

Wie lebten die Kelten?

KM 32,5

4

Geschichtsdorf Landersdorf

Gruß an die Kelten

Vor den Römern hatten sich in der Gegend bereits die Kelten breitgemacht. Das Geschichtsdorf Landersdorf zeigt, etwas versteckt am Ortsausgang des gleichnamigen Dorfes gelegen, anhand von drei rekonstruierten Hofanlagen, wie Menschen in der Jungsteinzeit, in der keltischen Zeit und im Frühmittelalter lebten. Ab und zu werden auch Führungen angeboten, auf den Aushang achten! Wer es nicht so mit Geschichte hat, findet hier auch einen kleinen Rastplatz. Oder soll es etwas mehr sein? Ein paar Hundert Meter weiter finden sich die Überreste einer frühkeltischen Nekropole.

Immer bergab nach Thalmässing.

KM 24

3

Das verlorene Dorf

Sich wie Goliath fühlen

Wo ist es denn nun, das Dorf? Man hat es sich etwas größer vorgestellt, das verlorene Dorf, und wäre fast daran vorbeigeradelt. Alles eine Frage der Perspektive. Mit dem richtigen Abstand und der richtigen Linse wirkt das Kunstwerk des Bildhauers Stefan Schilling durchaus lebendig. Das archetypische, aber fiktive Dorf zeigt an vier im Maßstab 1:8 rekonstruierten Beispielen die unterschiedlichen Bauweisen von Gehöften in der näheren Umgebung, Gebäude, die es einmal gab und die über die Jahrhunderte zerstört wurden, auferstanden in Edelstahl.

Den Wegweisern Richtung Thalmässing folgen.

Dorfspaziergang mal anders

KM 38

5 Eiscafé Venezia
Ein Hauch Italien

Auch wenn das ausgezeichnete Tiramisu schon aufgegessen sein sollte: Hier lebt ein Stück Italien, mitten auf einem fränkischen Marktplatz. Man kann das Eiscafé Venezia unschwer verfehlen – am Straßenrand lockt eine überdimensionierte Eiswaffel mit zwei Kugeln und Sahne. Neben Eis und Tiramisu gibt es zudem selbst gebackenen Kuchen. Auch eingefleischte Biertrinker kommen auf ihre Kosten. Ideal für eine Pause – es warten noch ein paar Höhenmeter bis Hilpoltstein! Marktplatz 13, Thalmässing.

Immer dem Bahnradweg (Gredl-Radweg) folgen.

Zum Abschluss stilvoll schlemmen

Zeit für Eis!

KM 43

6 Wasserscheide
Nordsee oder Schwarzes Meer?

Donau oder Rhein? Diese Anhöhe ist nicht irgendeine. Sondern eine der Wasserscheiden in Franken. Alles im Rücken fließt in die Donau und damit ins Schwarze Meer. Also, was jetzt noch an Wasserläufen kreuzt, in Richtung Rhein und Nordsee. So weit, so unspektakulär, wäre da nicht der Rundumblick Richtung Fränkischen Jura und Fränkische Schweiz. Und der Fakt, dass der Bahnradweg hier ebenfalls seinen Scheitelpunkt erreicht hat und es nur noch nach unten geht, jedenfalls nach Hilportstein.

Weiter auf dem Gredl-Radweg bleiben.

KM 55,5

Restaurant Gutmann
Ankommen, genießen

Es sind nicht die besten Bahnverbindungen von Hilpoltstein Richtung Nürnberg. Wer noch Pfeile im Köcher hat, radelt vielleicht noch weiter am Rothsee entlang bis nach Allersberg. Aber warum nicht in Hilpoltstein bleiben? Mehr als einladend ist auf jeden Fall das Restaurant Gutmann zur Post. Bürgerliche und lokale Küche mit dem gewissen Etwas, einen schönen Biergarten gibt es auch. Und falls es später wird und der letzte Zug weg ist: Auch das angeschlossene Hotel zum Schwarzen Ross ist zu empfehlen! (gutmann-zur-post.de)

Zum Bahnhof den Wegweisern folgen.

EXTRA INFOS:

Badesachen dabei? Ziemlich genau in der Mitte der Tour, dann, wenn nur noch wenige Höhenmeter zu absolvieren sind, lockt mit dem ● **Bechthaler Weiher** der ideale Badesee!

KM 56 » ZIEL

Bahnhof Hilpoltstein

Wo geht es bitteschön zur Donau?

AUF EINEN BLICK

- **Start:** Bahnhof Weißenburg
- **Ziel:** Bahnhof Hilpoltstein
- **Strecke/reine Radelzeit:** 56 km (Streckentour), 4 Std.
- **Höhenmeter:** ↗494 m ↘532 m
- **Wegbeschaffenheit:** Überwiegend Asphalt, kürzere Abschnitte nicht asphaltiert, aber gut zu radeln. Mehrere Steigungen, aber gut zu schaffen. Die letzten Kilometer Schussfahrt nach Hilpoltstein.
- **Beste Zeit:** Frühling bis Herbst.
- **Mitnehmen:** Sonnencreme, ausreichend Wasser, Badesachen.

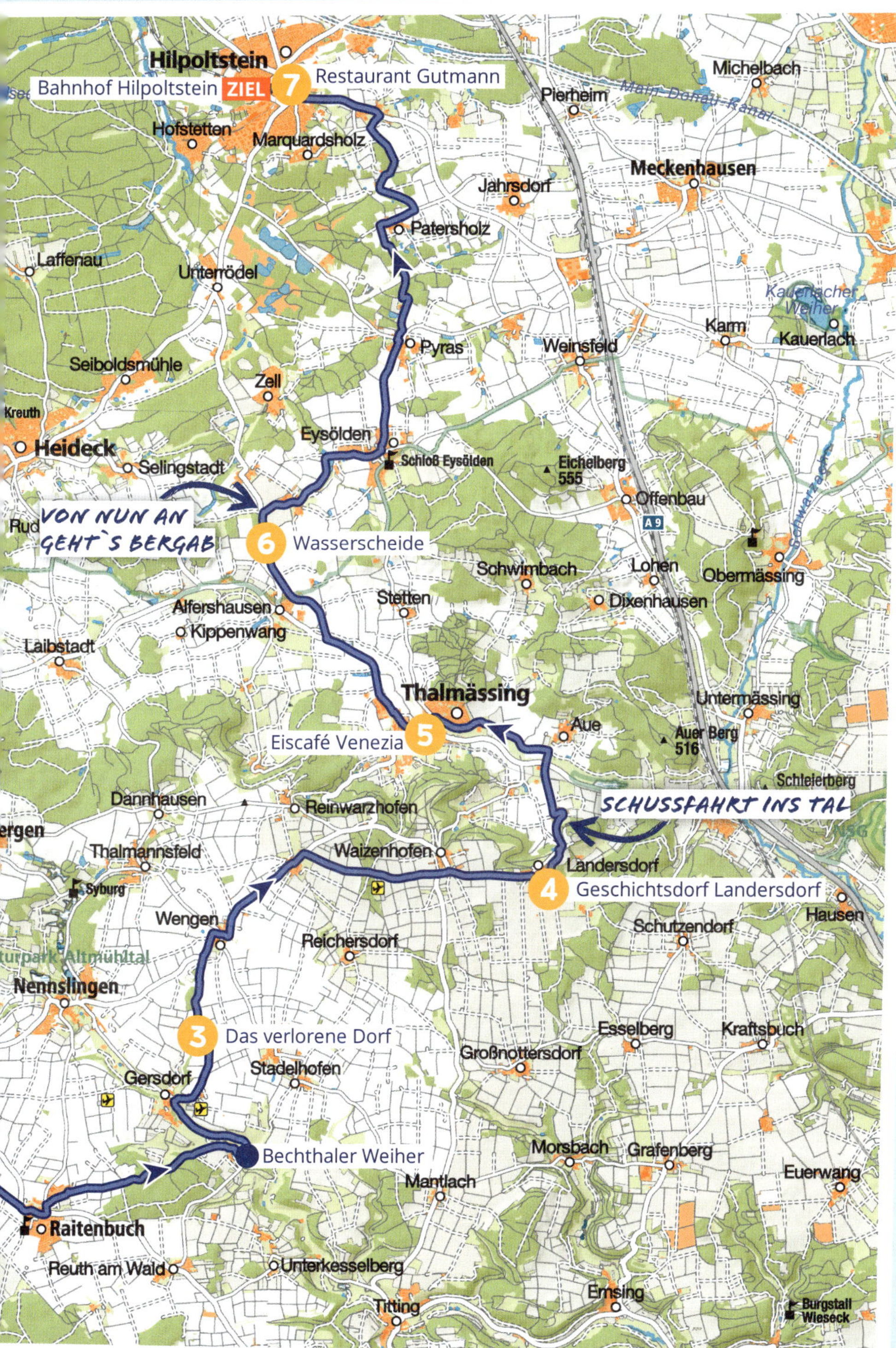

Bahnhof Hilpoltstein
ZIEL
7
Restaurant Gutmann
6
Wasserscheide
VON NUN AN GEHT`S BERGAB
5
Eiscafé Venezia
SCHUSSFAHRT INS TAL
4
Geschichtsdorf Landersdorf
3
Das verlorene Dorf
Bechthaler Weiher
Hilpoltstein
Hofstetten
Marquardsholz
Pierheim
Michelbach
Main-Donau-Kanal
Meckenhausen
Jahrsdorf
Patersholz
Laffenau
Unterrödel
Kauerlacher Weiher
Karm
Kauerlach
Weinsfeld
Pyras
Seiboldsmühle
Zell
Kreuth
Heideck
Selingstadt
Eysölden
Schloß Eysölden
Eichelberg 555
Offenbau
A 9
Rud
Schwimbach
Lohen
Obermässing
Stetten
Dixenhausen
Alfershausen
Kippenwang
Laibstadt
Thalmässing
Untermässing
Aue
Auer Berg 516
Schleierberg
Dannhausen
Reinwarzhofen
Waizenhofen
Landersdorf
Thalmannsfeld
Syburg
Hausen
Schutzendorf
Wengen
Reichersdorf
Nennslingen
Esselberg
Kraftsbuch
Großnottersdorf
Stadelhofen
Gersdorf
Morsbach
Grafenberg
Euerwang
Mantlach
Raitenbuch
Reuth am Wald
Unterkesselberg
Titting
Emsing
Burgstall Wieseck

DIE RADELPAUSEN

»START
Bahnhof Rothenburg

KM 0,5
1 Altstadt Rothenburg
Ins Mittelalter blicken

KM 6,5
2 Alter Bahnhof Bockenfeld
Eisenbahnromantik

KM 15,5
3 Schlosscafé Schillingsfürst
Für Höhenmeter belohnen

8 STRASSE DER ROMANTIK

Von Rothenburg ob der Tauber nach Dinkelsbühl

Ganz viel Mittelalter! Und ganz viel Romantik auf der gleichnamigen Straße und im Tal der Wörnitz. Rothenburg und Dinkelsbühl auf einer Tour, und als i-Tüpfelchen folgt noch ein Besuch des Schlosses Schillingsfürst.

EINE RUNDE DURCH ROTHENBURG

Altstadt, am Rathaus vorbei, Gruß dem allgegenwärtigem Touristennippes, und schon geht es am Spitaltorturm raus aus der Stadt. Kein Kopfsteinpflaster mehr und ganz viel Taubertal. Eine Strecke für Bahnromantiker. Dichte Laubkronen wuchern in die **ehemalige Bahnstrecke**. Theoretisch könnte man im Tal bleiben und gemütlich bis Dinkelsbühl rollen.

Aber **Schloss Schillingsfürst** wirklich links liegen beziehungsweise auf der Anhöhe stehen lassen? Natürlich nicht! Bis zum Ort geht es noch relativ sanft nach oben. In Schillingsfürst dann ein Wegweiser für Radfahrer auf eine steile Rampe, der nicht ernst gemeint sein kann. Lieber auf der Straße bleiben, die ist steil genug. Oben angekommen, winkt eine doppelte Belohnung: Grandiose Sicht auf den Ort und über Fränkische Alb und Steigerwald. Und ein **Restaurant mit Außenplätzen**. Sahnetüpfelchen: Auch noch ein Schloss zum Anschauen.

DER SCHÖNSTE MOMENT: VOM SCHLOSS SCHILLINGSFÜRST INS TAL SAUSEN

Danach: Die steile Rampe runterfahren, dass die Bremsen quietschen! Das Schöne: Es geht sogar noch weiter nach unten und dann fast eben im Tal entlang. Kulinarisch vor allem an Montagen gewohnt schwierig, allerdings hat eine gute Seele am **RegioEck Wörnitz** einen zum Hofladen gewordenen Automaten hingestellt.

Achtung: Kurz vor Breitenau bloß nicht der Radwegbeschilderung folgen, die führt im großen Bogen über die Autobahn. Da ist die kaum befahrene Landstraße doch viel sympathischer. Dann aber wieder dem Radweg durchs Wörnitztal folgen. Auf den letzten Kilometern bis Dinkelsbühl durch die Wörnitzauen. Der Schotter auf dem Radweg muss sich noch ein wenig festfahren, davon abgesehen rollt es gut und autofrei.

Die mittelalterliche Stadt begrüßt die Radler:innen mit einem imposanten Stadttor. Dahinter liegt die bekannte Puppenstube. Rad abstellen und die tolle Atmosphäre genießen. Cafés und Restaurants mit Sitzplätzen gibt es zur Genüge, darunter die **Meiser Altstadt Brasserie**.

Einkehr auf dem Berg

Schlossgarten Schillingsfürst

Durchs weite Wörnitztal

RADELN & GENIEßEN

»START

Bahnhof Rothenburg

Auf die Ansbacher Straße und dieser bis zur Stadtmauer folgen.

Touristisch, aber schön: Rothenburg

KM 0,5

Altstadt Rothenburg

Ins Mittelalter blicken

Rothenburg ob der Tauber spaltet die Meinungen. Das Wort Overtourism ist leicht über die Lippen gerutscht, und ja: Rothenburg ist äußerst touristisch und im Sommer meist überlaufen. Aber wie heißt es so schön: Urlaub wäre so schön, wenn es keine Touristen gäbe. Deshalb: Rothenburg ist, was es ist, aber auf jeden Fall ein wunderschönes Beispiel für eine mittelalterliche Stadt, das kann man genießen, auch per Fahrrad. Im Zweifelsfall ist man ja schnell ins romantische Taubertal gesaust.

Durch die Altstadt, am Rathaus links, Schussfahrt zur Tauber und dann dem Tauberradweg folgen.

KM 6,5

2

Alter Bahnhof Bockenfeld

Eisenbahnromantik

Bei Fahrradfans, die zugleich Eisenbahnen lieben, wohnen bei Bahnradwegen immer zwei Herzen in der Brust. Einerseits freut man sich über die tolle Radstrecke, die sanften Steigungen und den tollen Belag, andererseits ist es schade um jede Eisenbahnstrecke, die abgebaut wurde und wird. Da ist es schön, dass zuweilen noch ein paar Reste der Bahnstrecke am Wegrand stehen. Hier erinnern ein Bahnhof, ein paar Signale und eine Signaltafel an die längst aufgelassene alte Bahnverbindung zwischen Rothenburg und Dombühl.

Weiter auf dem Tauberradweg, und dann der ausgeschilderten Route nach Schillingsfürst folgen.

Lust auf ein Getränk?

3

Schlosscafé Schillingsfürst

Für Höhenmeter belohnen

Ach, wäre man doch im Tal geblieben. Es geht ordentlich nach oben in Schillingsfürst. Das schreit direkt nach einer längeren Pause, den Akku aufladen! Da kommt das Schlosscafé Schillingsfürst, kurz vor dem Schloss, gerade recht. Das ehemalige Quartier der Légion noire de Mirabeau und des Régiments de Hohenlohe, das gemeinhin als Vorläufer der Fremdenlegion gilt, ist zudem auch Weinstube. Für einen ausgesuchten Wein ist es vielleicht zu früh, die fränkischen Schmankerln und die Konditoreispezialitäten wie die traditionellen fränkischen Schneeballen oder Frankemer Stupfl sind auch eine gute Alternative. (schlosscafe-schillingsfuerst.de)

Noch ein paar wenige Höhenmeter zum Schloss.

An der alten Bahnstrecke

KM 16

4 Schloss Schillingsfürst
Gartenfreuden

Das Rad muss leider abgestellt werden, zu Fuß ist der Garten des Schlosses Schillingsfürst aber sowieso schöner. Erst aber einmal die Aussicht genießen! Schon vor 900 Jahren stand hier eine Burg, das heutige Schloss stammt aus dem 17. Jahrhundert und war durchgehend in Besitz derer von Hohenlohe. Besonders schön sind die Gärten rund um das Schloss, interessant die Falknerei, auch wenn da manch ein Tierfreund zusammenzucken wird. Wie auch immer: Einen kurzen Spaziergang und vielleicht eine Besichtigung ist das Schloss allemal wert.

Schuss bergab zurück nach Schillingsfürst und dann auf den Wörnitzradweg.

Brotzeit aus dem Automaten

KM 21,5

5 RegioEck in Wörnitz
Genuss aus dem Automaten

Es ist ein Kreuz mit der Mittagsverpflegung, vor allem an Montagen. Dabei gäbe es fast in jedem Landstrich etwas Besonderes zu probieren, eine spezielle Wurst, einen tollen Käse und natürlich für jedes Dorf ein eigenes Bier. Da ist es, vor allem für hungrige Radler und Radlerinnen, eine klasse Idee, Hofladenautomaten aufzustellen. In Wörnitz steht ein besonders gut bestücktes Exemplar, und daneben, falls die Urlaubslektüre ausgeht, auch eine Buchtauschbörse auf Vertrauensbasis. Vorbildlich!

Weiter dem Wörnitzradweg folgen, nur an der Unterführung unter der A 6 nicht.

Schloss Schillingsfürst

EXTRA INFOS:

Wenn es mal was anderes als Bier sein soll: Das ● **Haus Appelberg** bietet in seiner Weinstube Frankenwein, lokale Spezialitäten und, falls der Abend lang geworden ist, auch eine empfehlenswerte Übernachtungsmöglichkeit. (haus-appelberg.de)

AUCH DEN GARTEN BESICHTIGEN!

KM 46 » ZIEL
Marktplatz Dinkelsbühl

KM 46

6 Meiser Altstadt Brasserie

Marktplatzfreuden

Der Tag endet, wie er begonnen hat: Ziemlich touristisch. Ist ja auch verständlich, die Dinkelsbühler Altstadt ist nun mal ein wunderbar herausgeputzter Gruß aus dem Mittelalter. Erst mal ankommen, die Atmosphäre aufsaugen und dann umschauen. Am besten einen schönen Platz suchen, um das Ganze in Ruhe zu betrachten und die Ankunft zu genießen. Ideal hierfür ist die Meiser Altstadt Brasserie, mit schönen Außenplätzen mitten auf dem Marktplatz. Für die Lage mit einem erstaunlichen Preis-Leistungs-Verhältnis. Wenn es mal etwas anderes als nur gut fränkisch sein soll! Übernachten kann man hier auch! (meiser-hotels.de/altstadt/restaurant)

Ausrollen lassen.

Mittelalterliche Puppenstube: Dinkelsbühl

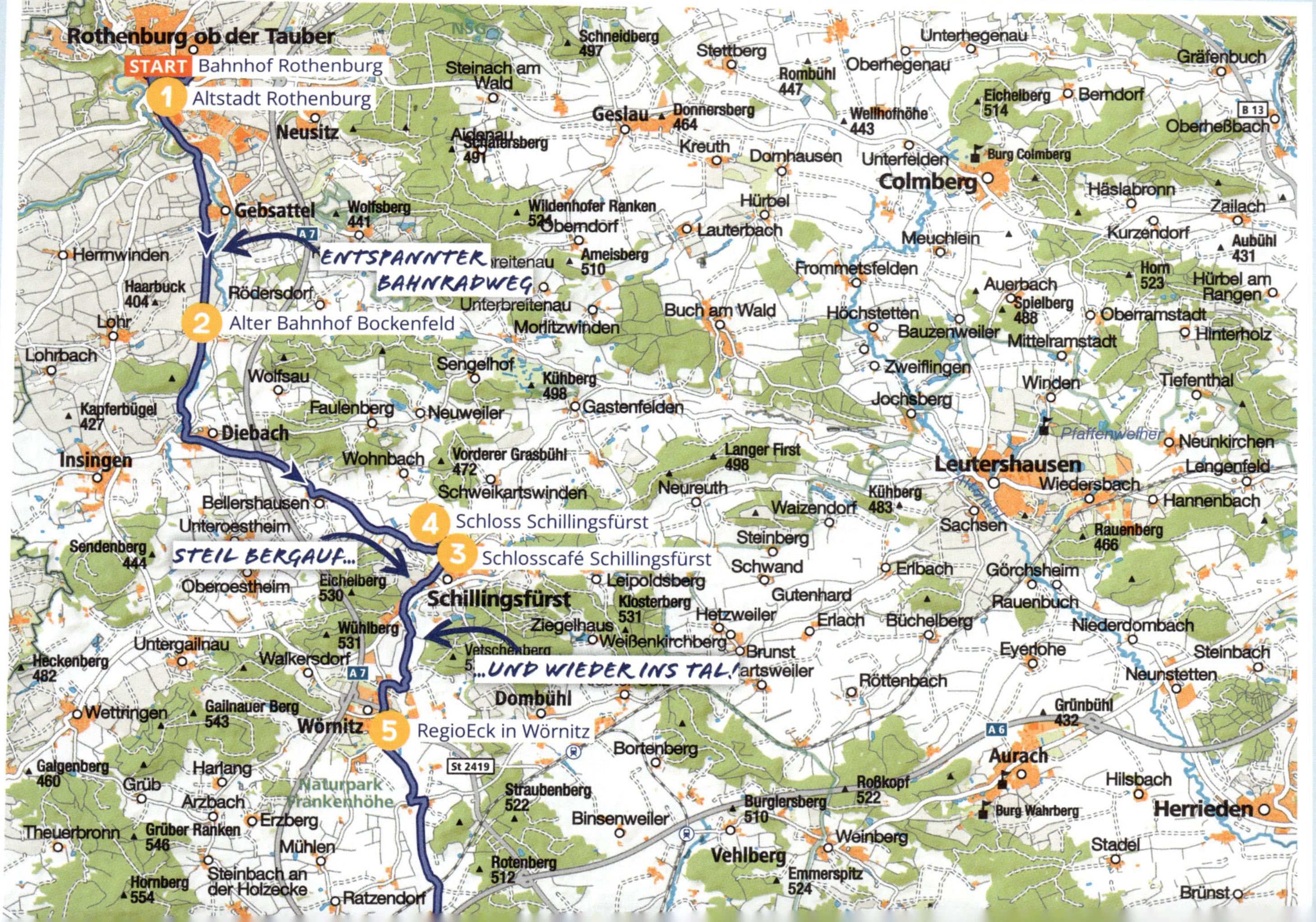

Rothenburg ob der Tauber
START Bahnhof Rothenburg
1 Altstadt Rothenburg
ENTSPANNTER BAHNRADWEG
2 Alter Bahnhof Bockenfeld
4 Schloss Schillingsfürst
3 Schlosscafé Schillingsfürst
STEIL BERGAUF…
…UND WIEDER INS TAL!
5 RegioEck in Wörnitz
Neusitz
Gebsattel
Diebach
Insingen
Geslau
Colmberg
Leutershausen
Schillingsfürst
Dombühl
Wörnitz
Aurach
Herrieden
Vehlberg
Naturpark Frankenhöhe

AUF EINEN BLICK

» **Start:** Bahnhof Rothenburg
» **Ziel:** Marktplatz Dinkelsbühl
» **Strecke/reine Radelzeit:** 46 km (Streckentour), 3 Std.
» **Höhenmeter:** ↗190 m ↘173 m
» **Wegbeschaffenheit:** Überwiegend Asphalt, in den Wörnitzauen teilweise Feldweg, aber gut zu fahren. Kaum Höhenmeter, nur der Anstieg zum Schloss Schillingsfürst hat es in sich, lohnt sich aber!
» **Beste Zeit:** Frühling bis Herbst.
» **Mitnehmen:** Sonnencreme, ausreichend Wasser.
» **Kombinierbar mit:** Tour 9.

DIE RADELPAUSEN

» START
Marktplatz Dinkelsbühl

KM 1
1 Nördlinger Tor
Tschüss, Dinkelsbühl

KM 3
2 Wörnitzbrücke
Blick auf den Fluss

KM 17
3 Römerpark Ruffenhofen
Steht ein Römer am Wegrand

9 ROMANTIK AN DER WÖRNITZ

Von Dinkelsbühl nach Gunzenhausen

Fast völlig unbekannt, ist das Tal der Wörnitz doch eines der schönsten Flusstäler Bayerns. Unspektakulär, aber unglaublich malerisch ist die Strecke entlang des Flusses. Eine Entdeckungsreise ins Mittelalter, zu den Spuren der alten Römer und dem Beginn des Christentums in der Region.

WAS FÜR EIN SCHNUCKELIGES STÄDTCHEN!

Noch eine kurze Abschiedsrunde durch Dinkelsbühl. Am **Nördlinger Tor** durch die Stadtmauer und los geht's! Heute den ganzen Tag an der Wörnitz entlang. Den ganzen Tag? Nein, eine kleine Ausnahme gibt es, und die hat es in sich. Zuvor aber radelt es sich entspannt und unaufgeregt durch die **Wörnitzauen**, teilweise direkt am Fluss entlang. Auf 200 Meter Strecke macht die B 25 gehörig Rabatz, dann hält der parallel laufende Radweg ein wenig Abstand. Die Störche lassen sich von alledem, seien es Autos oder Fahrräder, nicht stören und staksen ungerührt durch die Feuchtwiesen.

VOM RÖMERPARK AUS GENIESST MAN FANTASTISCHE AUSBLICKE INS WÖRNITZTAL

Der Duft von frisch geschnittenem Holz liegt in der Luft. Ein paar Infotafeln klären über die Landwirtschaft entlang des Weges auf. Was man schon immer über Raps wissen wollte: Zum Beispiel, dass auf einem Hektar Raps gut 120 Millionen Blüten blühen. Was für ein Fest für Bienen und fürs Auge! Noch ein Rapsfeld, dann führt ein Stück des Weges durch Apfelplantagen.

Steht da tatsächlich ein **Römer am Wegrand**? Natürlich kein echter, sondern ein Metallkamerad. Auch im Wörnitztal haben sich die Römer niedergelassen, genauer gesagt, man spürt das in den Beinen, ein wenig oberhalb des Tals.

Wohl informiert und mit viel neuem Wissen (und mit Glück auch einem Kaffee im Magen) geht es zurück ins Tal. Wie wäre es mit einer Runde kneippen an der **Wunibaldquelle**? Oder doch noch eine Einkehr in der **Altstadt von Wassertrüdingen** bei der Spalter Bierstube, bevor es auf die letzten Kilometer bis Gunzenhausen geht. An der Eisenbahntrasse entlang, hier wird großflächig aus Sonne elektrische Energie gemacht. Ein Wegweiser zur Fränkischen Seenplatte: Hat Zeit bis morgen!

In der Altstadt Gunzenhausen hängt der Himmel voller Schirme, und auch auf dem Marktplatz ist allerlei los. Was für ein origineller Glockenturm aus Stahl und Glas. Coole Location, das **Gorilla Biscuit.** Und ist das wirklich ein stilisiertes Zebra auf dem Pflaster?

Römischer Metallkamerad am Wegesrand

Allerlei Kunst in Gunzenhausen

Schirme in Gunzenhausen

RADELN & GENIEẞEN

Marktplatz Dinkelsbühl

Auf die Nördlinger Straße und dieser folgen.

KM 1

Nördlinger Tor

Tschüss, Dinkelsbühl

Im Vergleich zur filigranen Fachwerkarchitektur der Altstadt ist das Nördlinger Tor fast schon ein Brachialbau! Ist ja auch nicht verwunderlich für eine Stadtmauer und ein Stadttor, das sollte ja eine gewisse abschreckende Wirkung haben. 25,50 Meter hoch und acht Meter breit und trotzdem das kleinste der heute noch erhaltenen Dinkelsbühler Stadttore. Eindrucksvoll! Nun aber erst einmal Schluss mit der Romantik, die holt die Radler:innen auf der heutigen Tour sowieso immer wieder ein!

Dem Radweg D 9 bis kurz hinter Neumühle folgen, dann links zur Wörnitz abbiegen.

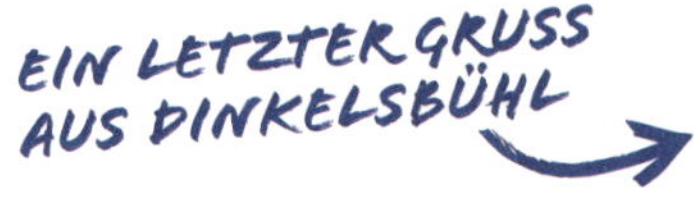

Das Nördlinger Tor

Gemächlich fließt die Wörnitz dahin

KM 3

2

Wörnitzbrücke

Blick auf den Fluss

Unspektakulär und ruhig fließt der kleine Fluss in einem lieblichen Tal vor sich hin. Die heutige Tour folgt mehr oder weniger der Wörnitz, da muss man erst einmal »Hallo« sagen, auf dieser schönen Brücke kurz hinter Dinkelsbühl, und ein Erinnerungsfoto machen. Hat man gar nicht auf dem Schirm, wenn es um bayrische Flüsse geht, obwohl die Wörnitz immerhin stolze 132 Kilometer lang und einer der wichtigsten nördlichen Nebenflüsse am Oberlauf der Donau ist. Und wie wir heute sehen werden, auch einer der schönsten!

Dem Wörnitzradweg folgen und beim Wegweiser rechts bergan Richtung Römerpark/Limeseum abbiegen.

KM 17

3

Römerpark Ruffenhofen

Steht ein Römer am Wegrand

Für einen Moment zögert man. Es rollt gerade so gut im Tal der Wörnitz, wegen ein paar Römern den Flussradweg verlassen und Höhenmeter auf sich nehmen? Doch die Würfel sind gefallen, die Neugierde ist angestachelt, es gibt kein Zurück mehr. Auch hier waren sie also, die alten Römer, und haben ihre Spuren hinterlassen. Das Limeseum macht auch architektonisch etwas her. Museumspädagogisch exzellent aufgearbeitet, veranschaulicht es den Limesabschnitt zwischen Mönchsroth und Arberg mit dem Schwerpunkt Ruffenhofen. Im Mittelpunkt stehen das damalige Leben sowie die Themen Holzerhaltung, Militär und ziviler Alltag. Wer es nicht so mit den Römern hat: Die Aussicht aufs Wörnitztal ist schön, und im Museumscafé gibt's Kaffee und Kuchen! (limeseum.de)

Zurück ins Wörnitztal und dem Wörnitzradweg folgen.

Im Römerpark Ruffenhofen

Christliches Kneippen

KM 21

Wunibaldquelle

4 Eine Runde kneippen

Kleiner Wellnessstopp! Keine Ahnung, wer auf die Idee kommt, ein Kneippbecken aufzustellen, aber eine Runde Kneippen zwischen zwei Pedalbewegungen wäre doch was, vor allen Dingen, wenn es heiß ist. Aha: Das Wasser kommt aus der Wunibaldquelle. Die Wunibaldquelle erinnert an den Gründer des Klosters Heidenheim am Hahnenkamm, Mönch Wunibald. In der Aufkirchener Flur taufte Wunibald die zum christlichen Glauben bekehrten Alemannen an einer Quelle. Was man als Radfahrer alles entdeckt! Ein Picknicktisch mit Bank steht da auch, für alle Wellnessmuffel oder Wasserscheuen.

Dem Wörnitzradweg folgen, über den Marktplatz Wassertrüdingen bis zum Oberen Tor.

KM 28

Altstadt von Wassertrüdingen

5 Energie tanken

Vielleicht haben sich die Franken daran gewöhnt. Aber es ist schon erstaunlich, wie viele Städte und Städtchen einen herausgeputzten Altstadtkern haben. Wassertrüdingen, zuvor nie gehört, ist auch wieder so ein Beispiel. Nichts Spektakuläres, aber schlichtweg nett, um sich für einen Moment hinzusetzen, ein Getränk zu sich zu nehmen und das fränkische Kleinstadtleben vor historischer Kulisse an sich vorbeiziehen zu lassen. Zum Beispiel vor der Spalter Bierstube, die, anders als der Name vermuten lässt, eine Pizzeria ist und sich vor allen Dingen durch ihre netten Außenplätze mit Blick auf die Altstadt qualifiziert. Sauergasse 1, Wassertrüdingen.

Der Radausschilderung nach Gunzenhausen folgen, an der Altmühl in Gunzenhausen rechts abbiegen.

Altstadt Wassertrüdingen

KM 46

6 Gorilla Biscuit
Dem Affen Zucker geben

Mal was anderes als fränkisch essen und vielleicht danach noch einen Absacker? Nach eigener Aussage Großstadtflair in Gunzenhausen, und dem kann man nur zustimmen. Das Gorilla Biscuit hätte auch in München oder Berlin seine Stammkundschaft und ist eine Synthese zwischen skurril, originell und gemütlich. Direkt an der Altmühlpromenade gibt es zudem Radstellplätze und einen schönen Außenbereich mit Blick auf den Fluss. Zu essen gibt es unter anderem Burger und Flammkuchen. Nun denn: Herzlich willkommen im Affenstall! (das-hafner.de/gorillabiscuit)

Über den Marktplatz, dann der Ausschilderung zum Bahnhof folgen.

Abkühlung nach der Tour! ● **»Waldbad am Limes«** hört sich vielversprechend an und ist es auch. Wenn die Erfrischung mal nicht von innen kommen soll. (waldbad-am-limes.de)

KM 47 » ZIEL

Bahnhof Gunzenhausen

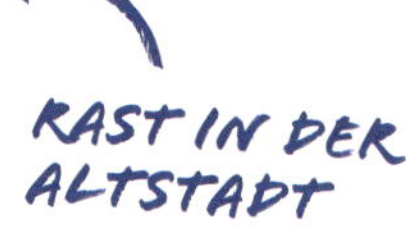

Für den Abend: Gorilla Biscuit

AUF EINEN BLICK

- **Start:** Marktplatz Dinkelsbühl
- **Ziel:** Bahnhof Gunzenhausen
- **Strecke/reine Radelzeit:** 47 km (Streckentour), 3 Std.
- **Höhenmeter:** ↗110 m ↘132 m
- **Wegbeschaffenheit:** Überwiegend Asphalt, in den Wörnitzauen und hoch zum Römerparkt teilweise Feldweg, aber gut zu fahren. Ein paar Höhenmeter zum Römerpark und ein paar zusätzliche zwischen Wassertrüdingen und Gunzenhausen.
- **Beste Zeit:** Frühling bis Herbst.
- **Mitnehmen:** Sonnencreme, ausreichend Wasser und Badesachen.
- **Kombinierbar mit:** Tour 8 und Tour 10.

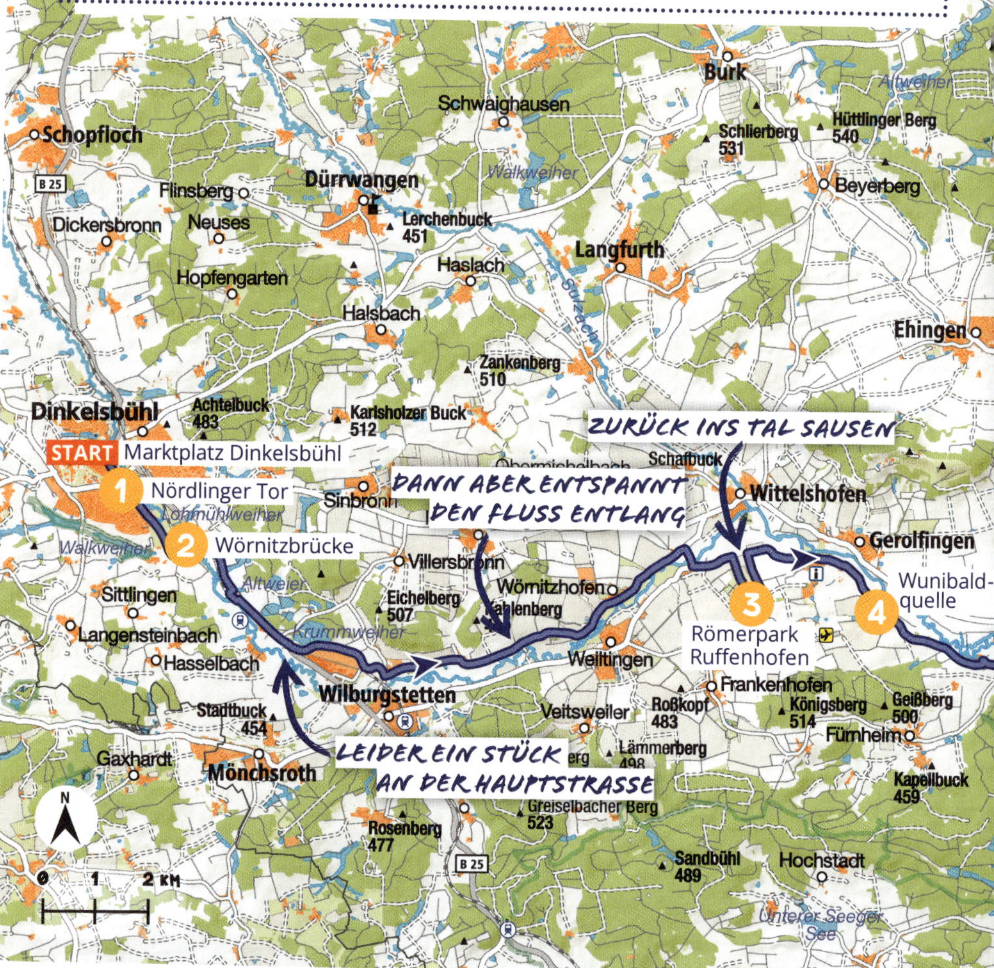

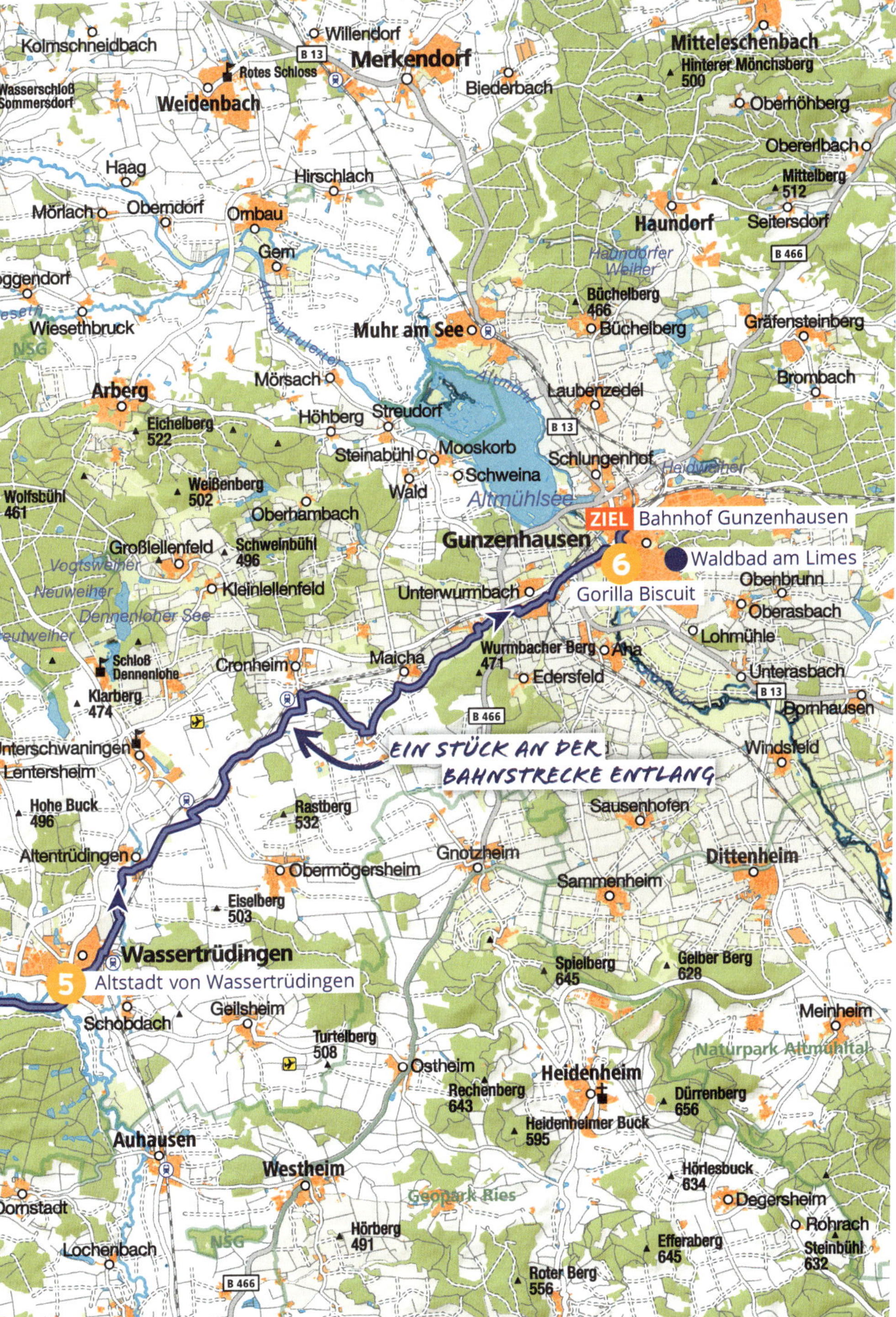

ZIEL Bahnhof Gunzenhausen
6
Waldbad am Limes
Gorilla Biscuit
5
Altstadt von Wassertrüdingen
EIN STÜCK AN DER BAHNSTRECKE ENTLANG
Kolmschneidbach
Willendorf
B 13
Merkendorf
Biederbach
Mitteleschenbach
Hinterer Mönchsberg
500
Rotes Schloss
Wasserschloß Sommersdorf
Weidenbach
Oberhöhberg
Obererlbach
Haag
Hirschlach
Mittelberg
512
Mörlach
Oberndorf
Ornbau
Haundorf
Seitersdorf
Gern
Haundorfer Weiher
B 466
Wiesethbruck
NSG
Altmühlzuleiter
Büchelberg
466
Büchelberg
Muhr am See
Gräfensteinberg
Mörsach
Altmühl
Brombach
Arberg
Laubenzedel
Höhberg
Streudorf
Eichelberg
522
B 13
Mooskorb
Steinabühl
Schlungenhof
Schweina
Heidweiher
Wald
Weißenberg
502
Wolfsbühl
461
Altmühlsee
Oberhambach
Großlellenfeld
Schweinbühl
496
Gunzenhausen
Vogtsweiher
Neuweiher
Kleinlellenfeld
Unterwurmbach
Obenbrunn
Oberasbach
Dennenloher See
Lohmühle
Wurmbacher Berg
471
Aha
Schloß Dennenlohe
Cronheim
Maicha
Edersfeld
Unterasbach
B 13
Klarberg
474
Dornhausen
B 466
Unterschwaningen
Windsfeld
Lentersheim
Hohe Buck
496
Rastberg
532
Sausenhofen
Gnotzheim
Dittenheim
Altentrüdingen
Obermögersheim
Sammenheim
Eiselberg
503
Spielberg
645
Gelber Berg
628
Wassertrüdingen
Geilsheim
Meinheim
Schobdach
Turtelberg
508
Naturpark Altmühltal
Ostheim
Heidenheim
Rechenberg
643
Dürrenberg
656
Heidenheimer Buck
595
Auhausen
Hörlesbuck
634
Westheim
Geopark Ries
Degersheim
Dornstadt
Rohrach
Hörberg
491
Efferaberg
645
Lochenbach
NSG
Steinbühl
632
B 466
Roter Berg
556

DIE RADELPAUSEN

» START
Bahnhof Gunzenhausen

KM 1
1 Café am Wehrgang
Guten Morgen, Kaffee!

KM 3
2 Skulpturenweg
Kunst am See

KM 8,5
3 Vogelinsel
Kurzer Blick ins Biotop

KM 10
4 Torhaus Muhr am See
Halb Tor, halb Haus

10 FRÄNKISCHE SEENPLATTE

Von Gunzenhausen nach Ansbach

Von der Fränkischen Seenplatte ins Tal der Fränkischen Rezat, dazwischen mittelalterliche Städte, architektonische Kuriositäten und jede Menge Natur. Eine Tour für Entdecker, nicht zu anspruchsvoll, aber mit dem einen oder anderen Höhenmeter. Als Belohnung locken kulinarische Highlights und das wunderbare Ansbach.

WAS FÜR EIN AUGENFUTTER!

Süddeutsche Marktplätze tendieren ja sowieso zu Bonbonfarben, in Gunzenhausen setzen sie aber noch einen drauf. In mehreren Reihen hängen aufgespannte Regenschirme über dem Platz, quer durch das Farbspektrum. Erst mal Kaffee unter den Schirmen, das **Café am Wehrgang** bietet sich an.

»Fränkische Seenplatte« klingt nach ganz viel Wasser, und zumindest am Stadtrand von Gunzenhausen wird man nicht enttäuscht. Und man kann es kaum glauben: Die Seen sind künstlich angelegt, um Wasser aus dem wasserreichen Süd- ins wasserarme Nordbayern umzuleiten. Erstaunlich, aber auch schlichtweg eine Attraktion, nicht nur für Radtourist:innen.

TIEFENENTSPANNT UM DEN ALTMÜHLSEE RADELN, DAS IST YOGA AUF ZWEI RÄDERN

Am Altmühlsee jede Menge Bars und Cafés, aber auch, absoluter Blickfang, Kunst! Dieser schaut man direkt ins Auge, wörtlich gemeint. Am sogenannten **Skulpturenweg** vorbei führt der Weg immer am See entlang nach Norden. Kurz das Rad abstellen und einen Blick ins **Vogelparadies** werfen. Dann ist erst einmal Schluss mit Wasser. Zeit für malerische Dörfer und Städte und jede Menge Fachwerk. Ein **Haus wie ein Tor** – oder umgekehrt. Wolframs-Eschenbach, wieder eine dieser Puppenstube gewordenen mittelalterlichen Städte. Zeit für eine Einkehr bei **Gary**!

Hügelige Landschaft mit extensiver Landwirtschaft und gelegentlichen Mischwaldabschnitten. Rechts Kornfelder, links Brennnesseln. Wer pflanzt die denn immer direkt neben die Radwege? In **Lichtenau** gefühlt durch die Wohnzimmer der Anwohner zur Burg. Ein bisschen Kopfsteinpflaster, ohne scheint es nicht zu gehen. Rollen lassen ins Tal der Fränkischen Rezat. Ein paar vereinzelte Obstbäume.

Bei der Einfahrt nach Ansbach der Geruch von Wurst – hier wird Bifi hergestellt. An Orangerie und Hofgarten vorbei zur Residenz, dereinst Regierungssitz der Markgrafen zu Brandenburg-Ansbach. Eine Runde durch die **Ansbacher Altstadt**, Zeit für einen geruhsamen Kaffee bei Green & Bean, bevor es zum Bahnhof geht.

Gruß von der Straße

Minnesänger Wolfram von Eschenbach

Auch ohne Asphalt gut zu fahren!

RADELN & GENIEßEN

» START

Bahnhof Gunzenhausen

Vom Bahnhof rechts, gleich wieder links und dann der Osianderstraße Richtung Altstadt folgen.

KM 1

1 Café am Wehrgang
Guten Morgen, Kaffee!

An die Bonbonfarben der Fassaden und Schirme muss man sich erst einmal gewöhnen. Dann aber hat Gunzenhausen durchaus seinen Charme. Kein Puppenhäuschen wie Dinkelsbühl und kein Disneyland gewordenes Mittelalter wie Rothenburg, eher etwas verspielt Handfestes, Bodenständiges mit Farbtupfern. Wie auch immer, das kann man sich ruhig noch eine Weile anschauen, zum Beispiel beim Kaffee im Café am Wehrgang im Zentrum des Geschehens. (cafeamwehrgang.de)

Den Wegweisern Richtung Altmühlsee folgen.

Erst einmal einen Kaffee!

Schau mir in die Augen!

KM 3

2 Skulpturenweg
Kunst am See

Bereits am Gunzenhauser Marktplatz steht ja so einiges an interessanter Kunst herum. Der Radweg führt ein Stück über den Skulpturenweg, hier hatten die unterschiedlichsten Künstler aus allen Teilen der Welt die Möglichkeit, ihre Ideen entlang des Altmühlsees zu verwirklichen. Besonders ins Auge – im Wortsinn, oder eigentlich umgekehrt – springt die Skulptur von Raphael Graf, ein riesiger Augapfel in Orange-Blau. Eventuell soll der Skulpturenweg die nächsten Jahre fortgesetzt werden – es lohnt also, am Ufer entlang immer wieder auf Entdeckungsreise zu gehen. (ingunzenhausen.de/skulpturenweg.html)

Weiter am Seeufer entlang Richtung Norden.

Absteigen und Biotop schnuppern

KM 8,5

Vogelinsel

Kurzer Blick ins Biotop

Das Großprojekt, die Fränkische Seenplatte anzulegen, war nicht unumstritten. Heute möchte jedoch kaum jemand mehr den Altmühlsee missen. Am Nordostufer entstand zudem ein Feuchtbiotop. Das Areal rund um die Vogelinsel ist den Wasservögeln vorbehalten, die den ungestörten Lebensraum gerne annehmen. Ein Holzsteg – Räder bitte am Ufer abstellen! – führt zur Vogelinsel. Nicht nur für Ornithologen ein Paradies und ein wunderbarer Zwischenstopp in der Natur.

Dem Radweg nach Muhr am See folgen.

KM 10

Torhaus Muhr am See

Halb Tor, halb Haus

Der Weg führt sowieso durch das Torhaus, da kann man auch mal kurz absteigen. Tatsächlich gibt es einige Gebäude dieser Art, das Exemplar in Muhr am See ist allerdings besonders schön. Es stammt aus der Mitte des 18. Jahrhunderts und war ursprünglich Teil der Stadtbefestigung, von der nun nichts mehr zu sehen ist. Früher wohnten die Nachtwächter hier, heute ist das Haus unbewohnt, kann aber leider nicht besichtigt werden. Dann eben nur ein Fotostopp!

Der Ausschilderung nach Wolframs-Eschenbach folgen.

Torhaus in Muhr am See

KM 20

5

Der Gary

Gut und lokal

Warum eigentlich Wolframs-Eschenbach? Bis 1917 hieß die Stadt Obereschenbach und wurde zu Ehren von Wolfram von Eschenbach, dem berühmten Minnesänger und Schöpfer epischer Werke aus dem 12. Jahrhundert, dem im Ortskern auch ein Denkmal gewidmet ist, umbenannt. Nachdem dies geklärt ist und man eine Runde durch die Altstadt gedreht hat, kann man auch gut informiert Pause machen in der Stadt. Am besten im ausgezeichneten Der Gary, Hotel, Metzgerei und Wirtshaus in einem, und mit seinem schönen Biergarten absolut zu empfehlen. (landhotel-gary.de)

Den Wegweisern nach Lichtenau folgen.

Green & Bean: frisch gerösteter Kaffee

KM 28,5

6

Stadtmauer Lichtenau

Kurz durchs Wohnzimmer fahren

Das ist einmal ein anderer Stadtaufbau! Keine hohen Mauern und eindrucksvollen Stadttore, nur ein Graben, und dort, wo sonst die Stadtmauer steht, ein Wall aus Häusern. Kurz über die Brücke, und schon radelt man gefühlt durch die Vorgärten, wenn nicht Wohnzimmer der Bewohner. Der kleine Umweg in die Altstadt von Lichtenau lohnt auf jeden Fall. Vielleicht ist ja auch Zeit für die Besichtigung der Festung, ehemalige Wehranlage der Nürnberger Burgherren, einst Wasserburg? (museum-markt-lichtenau.de)

Über Sachsen bei Ansbach immer im Tal der Fränkischen Rezat nach Ansbach.

Kultbiergarten in Wolframs-Eschenbach

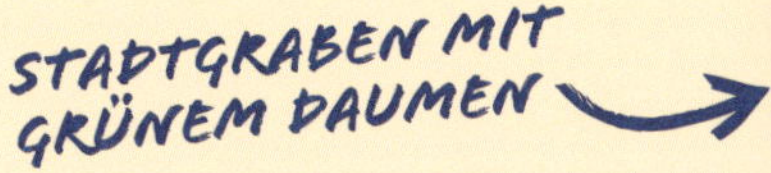

KM 38,5

7 Altstadt von Ansbach
Stadtbummel mit Kaffee

In der alten Markgrafenstadt Ansbach mit ihrer mittelalterlichen Altstadt, der Residenz und dem Hofgarten kann man Stunden verbringen, ohne dass es langweilig wird. Auch so manch aktuelle Kunstinstallation und originelle Statue lassen sich entdecken. Zum Beispiel die zwei überlebensgroßen Köpfe auf dem Johann-Sebastian-Bach-Platz, genannt »Lech und Malsche«, von Jürgen Goertz. Soviel Input macht auf jeden Fall durstig. Möglichkeiten in der Altstadt gibt es unzählige, für frisch gerösteten Kaffee ist auf jeden Fall das Green & Bean erste Wahl. (greenand-bean.de)

Über den Johann-Sebastian-Bach-Platz zur Residenz, die Kreuzung queren, der Bischof-Meiser-Straße bis zum Bahnhof folgen.

EXTRA INFOS:

Wenn es spät geworden ist auf der Tour: Warum nicht in Ansbach übernachten? Die ideale Kombi aus Hotel und exzellentem Restaurant (auch als Hotelgast unbedingt reservieren!) bietet das ● **Hotel & Gasthof zur Windmühle**. (hotel-wind muehle.de)

KM 39,5 » ZIEL

Bahnhof Ansbach

Altstadt von Lichtenau

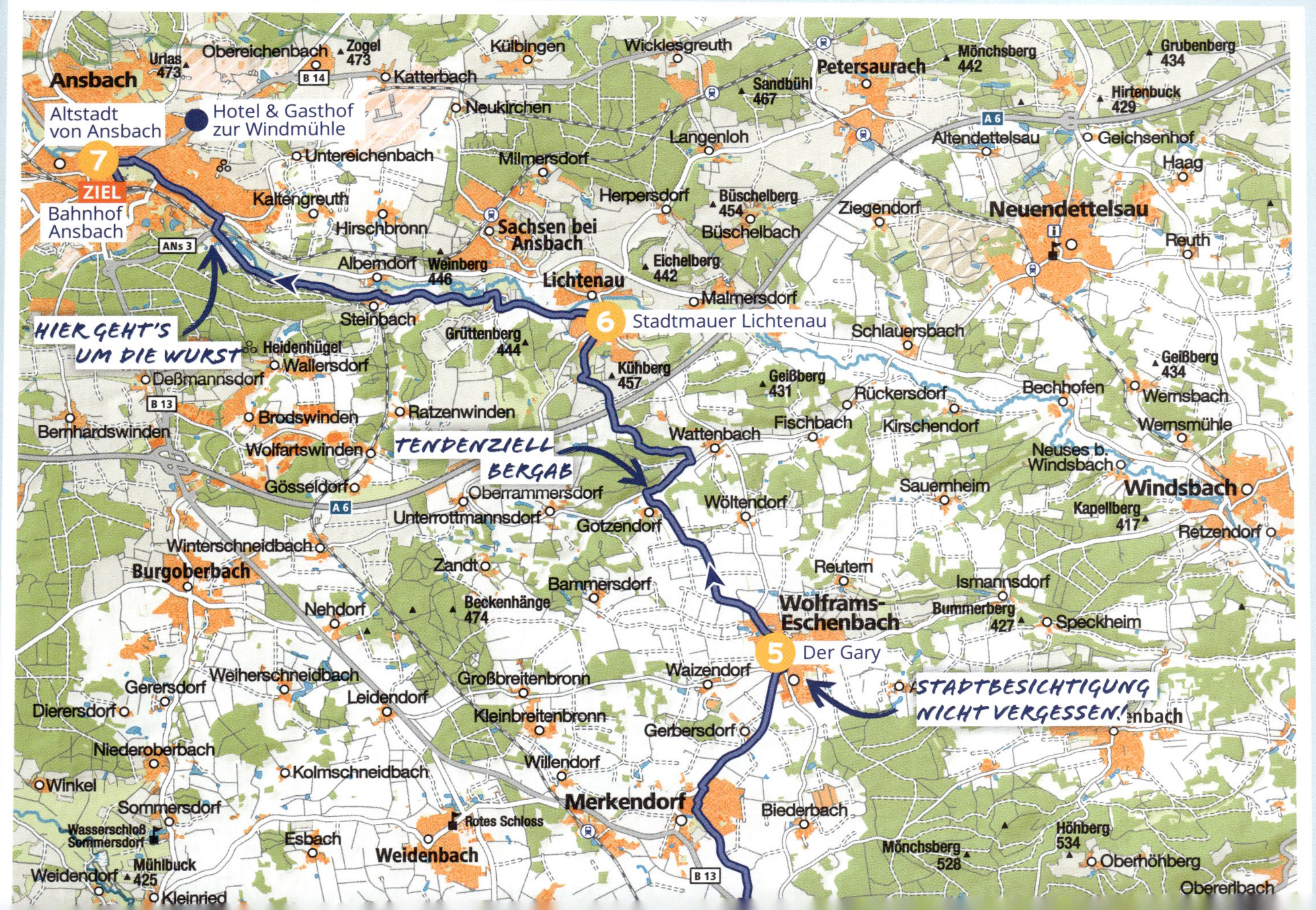

Ansbach
Altstadt von Ansbach
7
ZIEL
Bahnhof Ansbach
Hotel & Gasthof zur Windmühle
HIER GEHT'S UM DIE WURST
6
Stadtmauer Lichtenau
TENDENZIELL BERGAB
5
Der Gary
STADTBESICHTIGUNG NICHT VERGESSEN!
Urlas 473
Obereichenbach
Zogel 473
Katterbach
Külbingen
Wicklesgreuth
Petersaurach
Sandbühl 467
Mönchsberg 442
Grubenberg 434
Hirtenbuck 429
Neukirchen
Langenloh
Altendettelsau
Geichsenhof
Haag
Untereichenbach
Milmersdorf
Kaltengreuth
Hirschbronn
Sachsen bei Ansbach
Herpersdorf
Büschelberg 454
Büschelbach
Ziegendorf
Neuendettelsau
Reuth
Albersdorf
Weinberg 446
Eichelberg 442
Lichtenau
Malmersdorf
Steinbach
Grüttenberg 444
Schlauersbach
Heidenhügel
Wallersdorf
Deßmannsdorf
Kühberg 457
Geißberg 431
Geißberg 434
Bechhofen
Wernsbach
Rückersdorf
Wernsmühle
Brodswinden
Ratzenwinden
Bernhardswinden
Fischbach
Kirschendorf
Wattenbach
Neuses b. Windsbach
Wolfartswinden
Windsbach
Gösseldorf
Oberrammersdorf
Sauernheim
Wöltendorf
Kapellberg 417
Unterrottmannsdorf
Gotzendorf
Retzendorf
Winterschneidbach
Zandt
Reutern
Burgoberbach
Bammersdorf
Ismannsdorf
Nehdorf
Beckenhänge 474
Wolframs-Eschenbach
Bummerberg 427
Speckheim
Waizendorf
Gerersdorf
Weiherschneidbach
Großbreitenbronn
Leidendorf
Dierersdorf
Kleinbreitenbronn
Gerbersdorf
Niederoberbach
Kolmschneidbach
Willendorf
Winkel
Merkendorf
Sommersdorf
Biederbach
Rotes Schloss
Wasserschloß Sommersdorf
Esbach
Weidenbach
Höhberg 534
Mönchsberg 528
Oberhöhberg
Weidendorf
Mühlbuck 425
Kleinried
Obererlbach
A 6
B 13
B 14
ANs 3

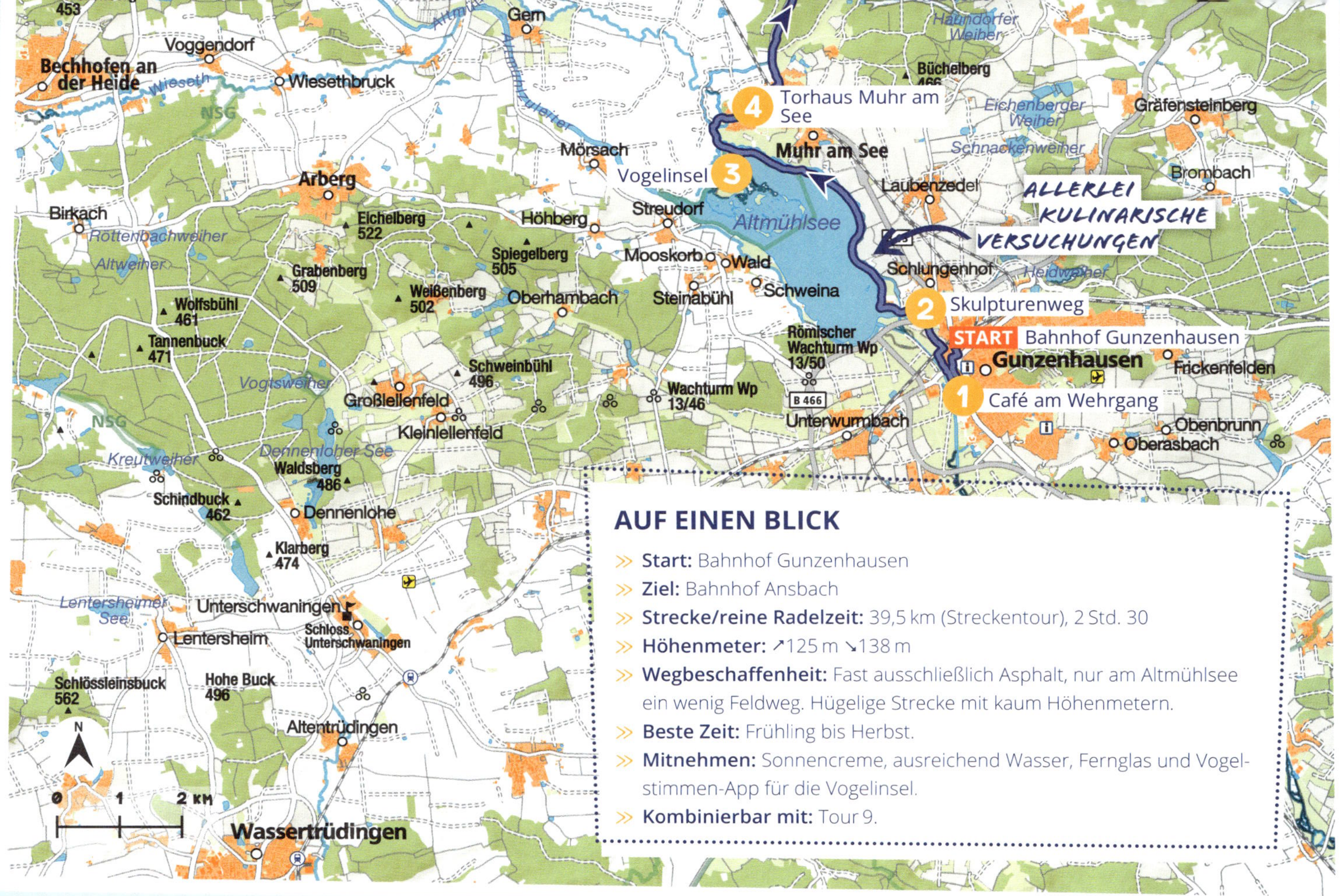

AUF EINEN BLICK

» **Start:** Bahnhof Gunzenhausen
» **Ziel:** Bahnhof Ansbach
» **Strecke/reine Radelzeit:** 39,5 km (Streckentour), 2 Std. 30
» **Höhenmeter:** ↗125 m ↘138 m
» **Wegbeschaffenheit:** Fast ausschließlich Asphalt, nur am Altmühlsee ein wenig Feldweg. Hügelige Strecke mit kaum Höhenmetern.
» **Beste Zeit:** Frühling bis Herbst.
» **Mitnehmen:** Sonnencreme, ausreichend Wasser, Fernglas und Vogelstimmen-App für die Vogelinsel.
» **Kombinierbar mit:** Tour 9.

DIE RADELPAUSEN

» START
Bahnhof Erlangen

KM 0,5
1 Erlanger Stadtmodell
Modellstadt

KM 1
2 Sternla SchlossStrand
Strandfeeling

KM 6,5
3 Hofladen Morgentau
Proviant für's Picknick

11 ENTLANG DER REGNITZ

Von Erlangen nach Eggolsheim

Ein entspannter Radeltag entlang der Regnitz, mäandernd durch die Flussauen. Alles über Karpfenzucht und die Geschichte der Wasserräder in der Region erfahren und eine verdiente Pause in der Biergartenhauptstadt Forchheim.

KM 15,5

4 Wasserrad Hausen

Wasser schöpfen

KM 21

5 Brauereigaststätte Hebendanz

Fränkisches in Forchheim

KM 29

6 Schleuse 94

Alte Technik bewundern

KM 31 » ZIEL

Bahnhof Eggolsheim

ERST EINMAL EIN BLICK AUF ERLANGEN

In der Realität und im **Modell**. Als Radfahrer ist man definitiv nicht allein in der Universitätsstadt Erlangen, dementsprechend entspannt und radfreundlich ist der Weg aus der Stadt gestaltet. Vorher lockt vor dem Schloss aber zumindest im Hochsommer noch der Erlanger **Stadtstrand**. Dann aber nichts wie an den Fluss!

Der Radweg entlang der Regnitz ist endlich einmal ein Flussradweg, bei dem es nicht ständig hoch und runter geht. Das Tal breit, relativ dicht besiedelt, der Radweg hält sich aber meist fern von den Dörfern und Städten. Die Fahrt geht durch die Flussauen, ab und zu mal ein paar Obstbäume und Getreidefelder, kleine Wäldchen, Blumenwiesen. Zuweilen kreuzt ein Trecker den Weg, auf der Straße steht: »Rücksicht macht Wege breit, danke, ihre Landwirte!« Gern geschehen. Nett auch der eine oder andere **Hofladen** am Wegrand wie der bei der Wirtsstube Morgentau.

AM PLÄTSCHERNDEN WASSERRAD, DAS IST DER IDEALE ORT FÜR EINE RAST

Zwischen Bubenreuth und Möhrendorf gleich mehrere alte **Wasserschöpfräder**, eines davon mit Rastplatz. Die Einladung nimmt man gerne an. Oder doch stilvolles fränkisches Mittagessen in Forchheim in der **Brauereigaststätte Hebendanz**? Auf jeden Fall eine Runde durch die Altstadt drehen, da steht so mancher Fachwerktraum in der geschichtsträchtigen Königsstadt, die im Mittelalter eines der wichtigsten Zentren Deutschlands war. Und sich heute auch ihrer Biergartendichte rühmt. Die Versuchung, eine zusätzliche Pause im Forchheimer Kellerwald, mit 30 000 Sitzplätzen wohl der größte Biergarten der Welt, zu machen, ist groß, aber es soll ja noch weitergehen.

Vorbei an Karpfenteichen, auch für die einstige Fastenspeise ist die Gegend berühmt, durch kleine Orte mit filigraner Fachwerkarchitektur. In Eggolsheim ein Haus gewordenes Tor. Auch eine Einkehrmöglichkeit, das Hirtentor. Die Regnitz und der Main-Donau-Kanal sind nun für ein paar Kilometer eins geworden, die **Schleuse 94** ein spannendes Relikt aus der Zeit des alten Ludwig-Donau-Main-Kanals. «

Forchheim, ein Fachwerktraum!

Die nächste Einkehr ist nie weit!

Hirtentor in Eggolsheim

RADELN & GENIEßEN

Bahnhof Erlangen

Über die Westliche und die Südliche Stadtmauerstraße bis zur Hauptstraße.

Erlangen zum Anfassen

Erlanger Stadtmodell

Modellstadt

Ja, wo ist es denn nun? Man muss schon ein wenig suchen, um das Stadtmodell aus Bronze zu finden. Es scheint ja ein deutschlandweiter Trend zu sein, die eigene Stadt in Bronze zu gießen. Ansbach hat eines, Weißenburg eines, die alte Reichsstadt Nürnberg ist auch als Modell zu sehen und vor allen Dingen – zu fühlen. Die meisten Modelle, explizit für Sehbehinderte und Blinde, wurden vom Bildhauer und Künstler Egbert Broerken geschaffen. Und auch Erlangen lässt sich nun erfühlen.

Der Radroute Erlangen 5 folgen.

Sternla SchlossStrand

Strandfeeling

Standbars in Städten sind ein Trend, den man mag oder nicht. Der etwa von Ende Juni bis Anfang August eingerichtete Sternla SchlossStrand punktet vor allem durch seine Lage. Vorne Strand, hinten Schloss, das kommt Tucholskys Ideal (»Ja, das möchste: Eine Villa im Grünen mit großer Terrasse, vorn die Ostsee, hinten die Friedrichstraße«) schon ziemlich nahe, jedenfalls temporär. Die heutige Tour ist nicht lang, und es warten keine Berge, da geht auf jeden Fall noch ein Getränk vor dem Losradeln. Noch einmal die Beine im Liegestuhl ausstrecken! (schlossstrand.de)

Der Ausschilderung Richtung Forchheim folgen.

Verlockend: der SchlossStrand

EIN GETRÄNK GEHT NOCH!

KM 6,5

3 Hofladen Morgentau

Proviant für's Picknick

Proviant mitnehmen?

An lokalen Spezialitäten ist die Gegend nun wirklich nicht arm, da muss man einfach das eine oder andere probieren. Eine gute Gelegenheit, Leckeres von Feld und aus dem Stall zu kosten, bietet die Wirtsstube Morgentau mit dem angeschlossenen Hofladen, in dem man die Packtaschen füllen kann. Vor allem in der Spargelzeit ein heißer Tipp! Ist schon später Nachmittag und man hat bereits großen Hunger, kehrt man einfach gleich in die Wirtsstube ein. Selbst Vegetarier:innen finden hier mehr als jeweils ein Gericht. (morgentauwirtsstube.de)

Bis Möhrendorf, an der Brücke über die Pegnitz nach Süden abbiegen.

KM 15,5

4

Wasserrad Hausen

Wasser schöpfen

Die Wasserschöpfräder, von denen zwischen Bubenreuth und Möhrendorf mehrere stehen, haben in der Gegend eine lange Tradition, die bis ins 15. Jahrhundert zurückgeht. Das Regnitztal bot ab Fürth dank sandiger Böden, flacher Ufer und einem gleichmäßigen geringen Gefälle ideale Voraussetzungen für diese Art der Wiesen- und Ackerbewässerung, die in den dort typischen trockenen Sommern auch dringend notwendig war. Die eigentümlichen schwarzen Holzgiganten erlebten ihre Blütezeit im 18. Jahrhundert, als auf den gerade mal 35 Kilometern zwischen Schwabach im Süden und Forchheim im Norden etwa 250 Stück standen. Eines davon liegt auf der Strecke und lädt zur Rast ein.

Dem ausgeschilderten Radweg Richtung Forchheim folgen.

Wasserrad Hausen

KM 21

5

Brauereigaststätte Hebendanz

Fränkisches in Forchheim

Forchheim war dereinst Kaiserstadt, das sieht man dem Ort an! Wohin man auch schaut: Fachwerk vom Feinsten, ein wunderschönes, für diesen Teil Frankens charakteristisches Ensemble. Auf halber Strecke gelegen, bietet sich die Stadt für eine Pause und einen anschließenden Rundgang förmlich an. Forchheim ist auch für seine Brauereidichte berühmt, Bierliebhaber kommen hier definitiv auf ihre Kosten. Wie wäre es mit der Brauereigaststätte Hebendanz? Hier kann das eigene Vesper mitgebracht werden, oder der Wirt serviert leckere Brotzeiten zum Bier. (brauerei-hebendanz.de)

Weiter auf dem Regnitzradweg, in Eggolsheim auf die Forchheimer Straße abbiegen.

Einkehr mit Tradition

EXTRA INFOS:

Dass die Franken auch kreativ sein können und über den Bierglasrand hinausschauen, beweist in Eggolsheim die exzellente ● **Trendwirtschaft im Hirtentor**. Von der Fusionsküche mit lokalen Bioprodukten bis hin zur traditionellen Küche bleibt kein Wunsch unerfüllt. (hirtentor.com)

KM 31 » ZIEL

Bahnhof Eggolsheim

KM 29

Schleuse 94

Alte Technik bewundern

Ein paar Hundert Meter weiter verläuft der neue Main-Donau-Kanal, hier, kurz vor Neuses, lohnt der kleine Umweg zu dem, was vom alten-Ludwig-Donau-Main-Kanal noch übrig ist beziehungsweise rekonstruiert wurde. Die Schleuse 94 ist ein ausgezeichnetes Beispiel für die Ingenieursleistung, die dort Mitte des 19. Jahrhunderts vollbracht wurde. Fast wünschte man sich den Kanal zurück, vor allem mit einem Treidelpfad, der zum autofreien Radweg geworden ist. Das kurze Stück auf der Hauptstraße bis Neuses ist zwar nur einen guten Kilometer lang, aber extrem stark befahren.

Auf der Straße 2244 bis Neuses, alternativ zurück bis Eggolsheim und über Nebenstraßen der Beschilderung zum Bahnhof Eggolsheim folgen.

Relikt aus alter Zeit: Schleuse 94

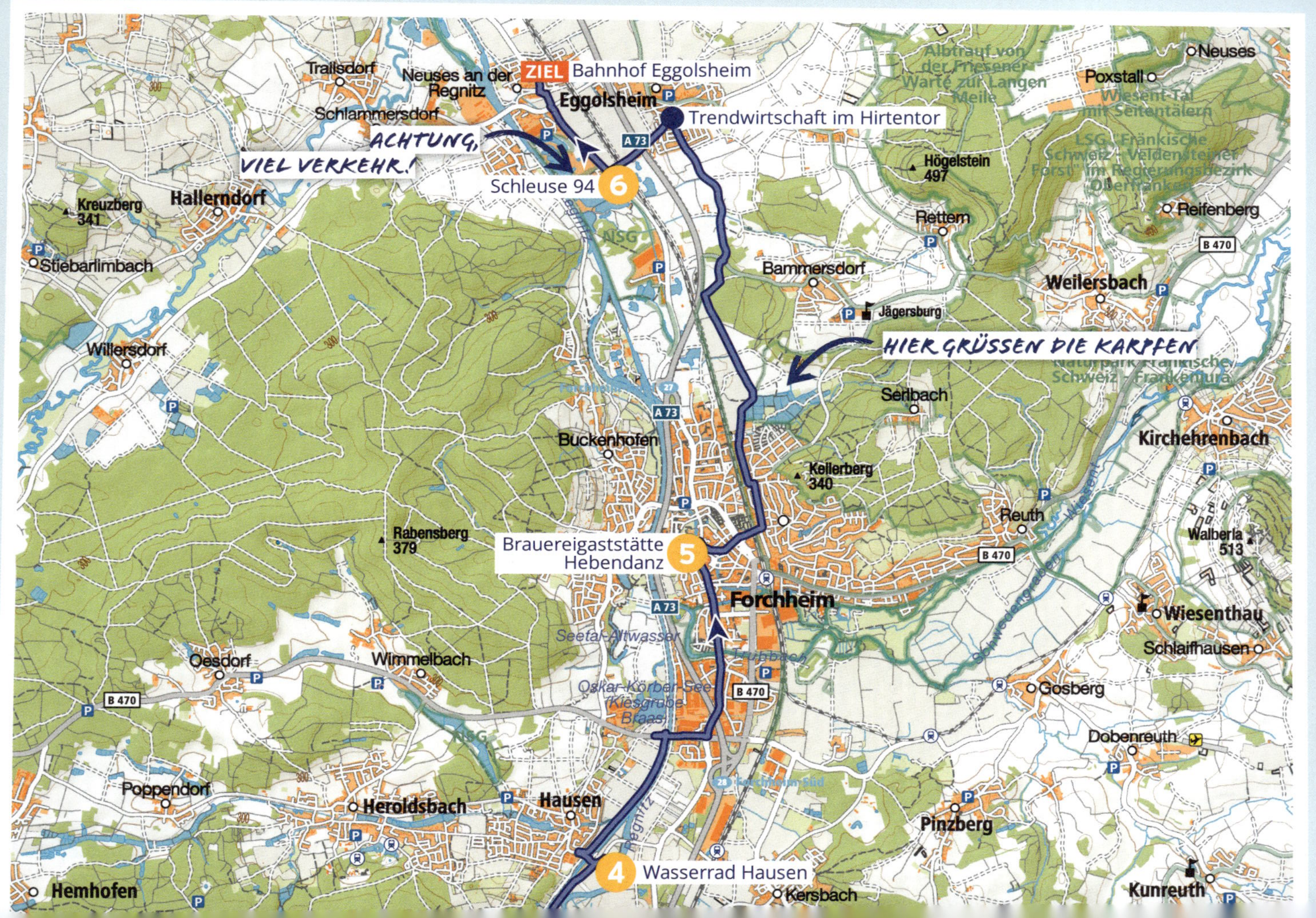

ZIEL Bahnhof Eggolsheim
Trendwirtschaft im Hirtentor
ACHTUNG, VIEL VERKEHR!
Schleuse 94
6
HIER GRÜSSEN DIE KARPFEN
Brauereigaststätte Hebendanz
5
Wasserrad Hausen
4
Eggolsheim
Neuses an der Regnitz
Trailsdorf
Schlammersdorf
Hallerndorf
Kreuzberg 341
Stiebarlimbach
Willersdorf
Buckenhofen
Rabensberg 379
Oesdorf
Wimmelbach
Poppendorf
Heroldsbach
Hausen
Hemhofen
Forchheim
Seetal-Altwasser
Oskar-Körber-See (Kiesgrube Braas)
Kersbach
Pinzberg
Gosberg
Dobenreuth
Kunreuth
Schlaifhausen
Wiesenthau
Walberla 513
Reuth
Kellerberg 340
Kirchehrenbach
Serlbach
Jägersburg
Bammersdorf
Rettern
Weilersbach
Högelstein 497
Reifenberg
Poxstall
Neuses
Albtrauf von der Friesener Warte zur Langen Meile
Wiesent-Tal mit Seitentälern
LSG "Fränkische Schweiz - Veldensteiner Forst" im Regierungsbezirk Oberfranken
Naturpark Fränkische Schweiz - Frankenjura
Wiesent
Regnitz
NSG
A 73
B 470

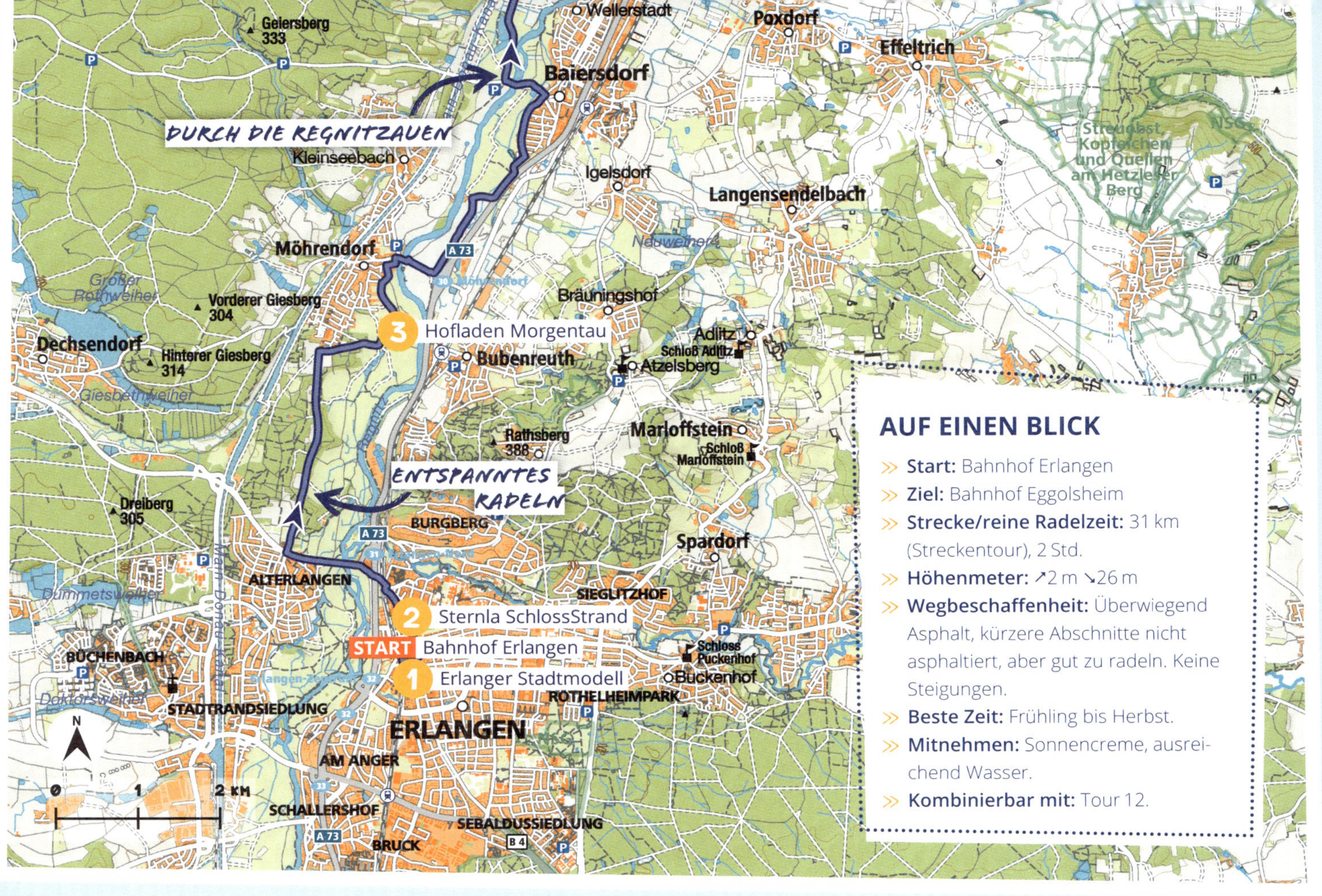

AUF EINEN BLICK

- **Start:** Bahnhof Erlangen
- **Ziel:** Bahnhof Eggolsheim
- **Strecke/reine Radelzeit:** 31 km (Streckentour), 2 Std.
- **Höhenmeter:** ↗2 m ↘26 m
- **Wegbeschaffenheit:** Überwiegend Asphalt, kürzere Abschnitte nicht asphaltiert, aber gut zu radeln. Keine Steigungen.
- **Beste Zeit:** Frühling bis Herbst.
- **Mitnehmen:** Sonnencreme, ausreichend Wasser.
- **Kombinierbar mit:** Tour 12.

DIE RADELPAUSEN

» START
Bahnhof Eggolsheim

KM 0
1 Whisky-Store Neuses
Nase in Maus

KM 4,5
2 Biergarten St. GeorgenBräu
Bier mit Ausblick

KM 5
3 Levi Strauss Museum
Sitzt die Hose?

Von Eggolsheim nach Bamberg

Zugegeben, eine nicht ganz alkoholfreie Tour. Willkommen in Frankens Bierregion! Aber auch Abstinenzler kommen auf ihre Kosten. Es geht zur Wiege der Blue Jeans, ins Herz der Bierbrauerei und immer wieder an Regnitz und am Main-Donau-Kanal entlang. Im wunderschönen Bamberg kann man guten Gewissens auf die gelungene Tour anstoßen.

NUR KURZ DIE NASE REINSTECKEN!

Gut, ein kleiner Schluck geht auch, ist immerhin laut Eigenwerbung der erste **Whisky** Deutschlands. Übertreiben sollte man es aber nicht, es wartet noch einiges Flüssiges am heutigen Tag. Und ganz flach ist die Strecke auch nicht, von wegen Flussradweg! Direkt am Wasser geht es zuerst sowieso selten entlang, der Regnitzradweg gönnt sich einige Schlenker durch Dörfer und Städte. Ist ja auch interessant. Buttenheim zum Beispiel, hier locken nicht nur mehrere **Biergärten**, sondern auch eine Berühmtheit und ihr Museum. Die Blue Jeans hat in Buttenheim ihren Ursprung und ihr Erfinder, Levi Strauss, wird gebührend gefeiert.

BAMBERG IM BLICK, DAS ZIEL VOR AUGEN, DA ROLLT ES SICH NOCHMAL SO GUT

Überhaupt ist die heutige Tour voller kleiner Entdeckungen. Mal eine kleine Steinschildkröte auf der Wiese, allerlei religiöse Kunst in Form von kleinen Kapellen, Marterln und Steinfiguren. Es lohnt sich, die Augen aufzuhalten und des Öfteren mal anzuhalten. Die **Radfähre bei Pettstadt** – eine Schiff gewordene Meditation.

Direkt am Main-Donau-Kanal entlang nach Bamberg? Ach nein, die kleine Runde mit dem schönen Namen »Brauerei- und Biergartentour« östlich von Strullendorf kann man durchaus noch mitnehmen. Und wenn man schon dabei ist, die »Strullendorfer Bierkellerrunde« anschließen, die wunderbarerweise auch durch das Naturschutz Hauptsmoorwald führt. Einmal tief durchatmen, und dann ist es Zeit für eine **Einkehr in Strullendorf**, Radfahren entlang der Bierrouten mit ihren vielen Versuchungen macht durstig.

Am Ziel: Bamberg

Das letzte Stück nach Bamberg ist gemütliches Kanalradeln, es rollt gut, und der Blick auf die Silhouette der Stadt zieht einen förmlich nach Bamberg hinein. Ach, es gäbe so viele Möglichkeiten, den Tag ausklingen zu lassen, warum aber nicht eine Spezialität probieren, die hier der Legende nach ihren Ursprung hat: das Rauchbier. Am besten im **Schlenkerla**.

RADELN & GENIEßEN

» START
Bahnhof Eggolsheim

Auf der Eisenbahnstraße 200 m zur Bamberger Straße fahren.

Kapelle kurz hinter Pettstadt

KM 0

Whisky-Store Neuses

Nase in Maus

Ob es nun wirklich der erste deutsche Whisky ist, sei einmal dahingestellt, um diesen Titel streiten sich ja einige deutsche Brenner – und im Steinwald in der Oberpfalz wurde sogar schon im 19. Jahrhundert Whisky hergestellt. Wie dem auch sei, auf jeden Fall wurde hier, in Neuses, bereits vor mehr als 40 Jahren Malt Whisky destilliert, berühmt geworden ist die »Blaue Maus«, hinzugekommen sind allerlei andere Whiskysorten, durch die man sich vor Ort auch durchprobieren darf. (fleischmann-whisky.de)

Am Bahnhof vorbei Richtung Unterstürmig, dann dem Regnitzradweg nach Buttenheim und dann dem Hinweisschild St. GeorgenBräu folgen.

Whiskyprobe mit Maus?

2

Biergarten St. GeorgenBräu

Bier mit Ausblick

Wenn ein Biergarten schon mit schöner Aussicht wirbt, kann man nicht mit gutem Gewissen daran vorbeiradeln. Man hat es aber geahnt: Schöne Aussicht heißt auch Lage auf einer Anhöhe, sprich, ein paar Höhenmeter sind zu absolvieren, die sich aber absolut lohnen. Der Blick geht über Buttenheim und das Regnitztal, man sitzt angenehm schattig unter Bäumen, Bier und Brotzeit sind auch gut. Fast ein Alleinstellungsmerkmal: Der Biergarten St. GeorgenBräu-Keller hat sogar an Montagen geöffnet, allerdings an Werktagen erst ab 14 Uhr. (georgenbraeu.de)

Nach Buttenheim rollen, dort rechts auf die Marktstraße abbiegen.

Noch eine Versuchung!

Die klassische Jeans ...

KM 5

3

Levi Strauss Museum

Sitzt die Hose?

Jeans sind beim Radfahren ja eher unpraktisch. Dass der Siegeszug der Blue Jeans, einst verschrien wegen ihres rebellischen Images, aber ausgerechnet im beschaulichen und eher konservativen Oberfranken begann, verwundert schon. Levi Strauss, der Erfinder der Blue Jeans, ist ein Kind der Stadt und hat den amerikanischen Traum gelebt – vom einfachen Tagelöhner zum gefeierten Pionier. Grund genug, dem berühmtesten Sohn der Stadt ein Denkmal und ein Museum zu widmen. Zumindest einen Fotostopp mit Levi, aber vielleicht auch einen kurzen Besuch wert! (levi-strauss-museum.de)

Weiter auf dem Regnitzradweg (Talroute).

... und ihr Erfinder

KM 18

Pettstädter Fähre

Die Langsamkeit entdecken

Über die alte Eisenbahnbrücke zu radeln, hätte auch etwas. Die Fähre bietet aber etwas herrlich Rückständiges, Entspanntes, das für eine schöne Entschleunigung in der Mitte der Tour sorgt. Hier macht die Regnitz einen Bogen und ist plötzlich wieder der kleine romantische Fluss, der im Zusammenfluss mit dem Main-Donau-Kanal zuweilen abhandengekommen ist. Die Fährfahrt dauert nur einen Augenblick, für Radfahrer ist die Pettstädter Fähre aber auf jeden Fall Kult!

Der Ausschilderung »Brauerei- und Biergartentour« folgen.

Durchatmen und genießen: Pettstädter Fähre

EWIG LOCKT DAS BIER

Einkehrmöglichkeiten, wohin man blickt

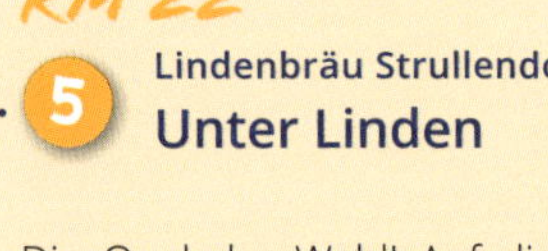

KM 22

5 Lindenbräu Strullendorf

Unter Linden

Die Qual der Wahl! Auf diesem Abschnitt der »Brauerei- und Biergartentour« östlich von Strullendorf könnte man eigentlich alle paar Meter vom Rad hüpfen und irgendwo einkehren, so groß ist die Brauereidichte. So würde Bamberg aber nie erreicht, und auch die Leber würde irgendwann streiken, von den Beinen ganz zu schweigen. Vielleicht erst einmal die Runde fahren und dann entweder im Roßdorfer Felsenkeller (www.rossdorfer-felsenkeller.de) oder zurück in Strullendorf im Lindenbräu (linden-braeu.de) Rast machen. Dann ist es nicht mehr so weit bis Bamberg, und die Route entlang des Kanals ist auch für müde Beine gut zu radeln.

Zum Main-Donau-Kanal und diesem bis Bamberg folgen.

Semmelknödel mit Rahmpfifferlingen

EXTRA INFOS:

Ein ● **Türknauf** als Sehenswürdigkeit? Im bierseligen Bamberg nicht besonders verwunderlich. Der Schriftsteller E. T. A. Hoffmann sah – Pegelstand unbekannt – in dem Türknauf das Äpfelweibla vom Schwarzen Tor und hat diesen Vorfall in einer seiner Erzählungen verewigt. Eisgrube 14, Bamberg.

KM 51 » ZIEL

Bahnhof Bamberg

KM 49

6 Schlenkerla

Hopfen und Rauch

Die Tour, wie könnte es anders sein, endet in einem Brauhaus. Da können Historiker noch so sehr nachweisen, dass früher aufgrund des Trocknungsprozesses des Malzes jedes Bier einen leichten Rauchgeschmack hatte, die Bamberger sind stolz auf ihre Rauchbiertradition. Warum auch nicht, das ist mal etwas anderes im Bierglas, und wenn man schon einmal hier ist, kann man das Rauchbier auch im Stammhaus, dem Schlenkerla, genießen. Touristisch, aber gut und süffig! (schlenkerla.de)

Zurück über Inselstadt und Kanal, dann der Ausschilderung zum Bahnhof folgen.

Kult: das Schlenkerla

ZIEL Bahnhof Bamberg
Schlenkerla
6
Türknauf
BAMBERG IN SICHT!
KERZENGERADE
AM KANAL ENTLANG
Pettstädter Fähre
4
Bamberg
Bischberg
Vogelberg
320
Weipelsdorf
GAUSTADT
INSELSTADT
GÄRTNERSTADT
Niederbronner Schwestern
BERGGEBIET
Wildensorg
Montanahaus
GEREUTH
BABENBERGER
VIERTEL
AM BRUDERWALD
Bug
Missionshaus
Bug
NSG
Mühlendorf
Mühlendorfer
Teiche
Stegaurach
Kreuzschuh
Hartlanden
Debring
Waizendorf
Aurach
Regnitz, Stocksee
und Sandgebiete
von Neuses
bis Hallstadt
Birkach
Untergreuth
Pettstadt
Reundorf
Vorra
Stappenbach
Frensdorf
Röbersdorf
Marksee
Hermsdorf
Schlüsselau
Wingersdorf
Weiher
Sambach
Jungenhofen
St 2244
B 22
B 505
A 73
N
0
1
2 KM

AUF EINEN BLICK
» Start: Bahnhof Eggolsheim
» Ziel: Bahnhof Bamberg
» Strecke/reine Radelzeit: 51 km (Streckentour), 3 Std.
» Höhenmeter: ↗114 m ↘128 m
» Wegbeschaffenheit: Überwiegend Asphalt, kürzere Abschnitte am Kanal nicht asphaltiert, aber gut zu radeln. Kaum Steigungen.
» Beste Zeit: Frühling bis Herbst.
» Mitnehmen: Sonnencreme, ausreichend Wasser.
» Kombinierbar mit: Tour 11.
EINE RUNDE MIT VIELEN VERSUCHUNGEN!
ES HÜGELT
START Bahnhof Eggolsheim
1 Whisky-Destillerie Blaue Maus
2 Biergarten St. GeorgenBräu
3 Levi Strauss Museum
5 Lindenbräu Strullendorf
Melkendorf
Frühkeltisches Grabhügelfeld
Geisfeld
Leesten
Schloss Wernsdorf
Amlingstadt
Strullendorf
Rotenberg 289
Ketschendorf
Seigendorf
Burgstall Obersenftenberg
Hirschaid
A 73
Neubertsee
Eggenberg 326
Gunzendorf
Burgstall am Lohberg
Drügendorf
Dreuschendorf
Buttenheim
Sassanfahrt
Altendorf
Drosendorf am Eggerbach
Schießberg
Weigelshofen
Unterstürmig
Schimaidel
Main-Donau-Kanal
Regnitz
Kiesgrube Hölein
Trailsdorf
Neuses an der Regnitz
Eggolsheim
Kauernhofen
Schlammersdorf

DIE RADELPAUSEN

» START
Bahnhof Kulmbach

KM 6
1 Zusammenfluss Roter und Weißer Main
Idyllische Pause

KM 11
2 Tanzlinde Peesten
Um die Linde tanzen

KM 17,5
3 Ochsenhof
Rast mit Pferden

VON KULMBACH NACH KULMBACH

13

Radeln dort, wo der Main zum Main wird

Durch die Flussauen, bergan zu Tanzlinden, bergab zu Biergärten. Eine etwas anspruchsvollere Tour, die aber jede Anstrengung mit grandioser Landschaft und Aussicht belohnt. Und die Einkehrmöglichkeiten in und um die Bierhauptstadt Kulmbach sind zahlreich. Die ideale Tour für eine zünftige Sonntagsrunde!

KM 21,5

4 Holzbrücke Mainleus
Picknickbrücke

KM 25,5

5 Kirche St. Veit
Alte Gemäuer bestaunen

KM 34

6 Zunftstube Kulmbach
Ein zünftiger Abschluss

KM 34,5 » ZIEL
Bahnhof Kulmbach

KURZ HINTER KULMBACH ...

... zieht einen sofort die weite Landschaft in ihren Bann. Die Ortsausfahrt Kulmbach ist, wie fast überall in fränkischen Ortschaften, im Vergleich zur schnuckeligen Altstadt bedingt vergnügungssteuerpflichtig. Super- und Baumärkte und Bürogebäude, die Radinfrastruktur ausbaufähig. Doch schnell ist man in den Mainauen, genauer gesagt im Wiesenbrütergebiet Mainau, wie eine Infotafel erklärt.

Durchatmen und den inneren Schweinehund an die Leine nehmen! Heute wird es etwas wellig, um es vorsichtig auszudrücken, das lässt sich in diesem Teil Oberfrankens kaum vermeiden. Erst einmal rollt es aber gut und eben bis zum **Zusammenfluss von Rotem und Weißen Main**. Den kann man von einer Bank oder von der Brücke über den jetzt vereinten Main bestaunen. Dann die ersten Höhenmeter, garniert mit einer wunderbaren Aussicht auf das Tal. Hat sich auf jeden Fall gelohnt, auch für die eindrucksvolle **Tanzlinde in Peesten**. Schuss zurück ins Maintal? Erst einmal nicht, es hügelt ein wenig, ohne dass man nennenswert an Höhe verliert. Aber immer wieder schöne Ausblicke.

EINE KUPPE NOCH, UND DANN AB NACH KULMBACH!

Wie wäre es mit einer Rast? Schloss Buchau hat einen schattigen Biergarten, das passt. Dann aber in wilder Schussfahrt zurück zum Fluss. Da kommt ein Kaffee gerade recht, der **Ochsenhof in Wüstenbuchau** sieht gut aus. Wie, der Fluss ist gar nicht der Main? Der muss aber doch in den Main ... Macht er auch, nur dass das die Straße nicht interessiert. Also noch einmal ein Stück nach oben – dann aber! Eine schöne überdachte **Holzbrücke** über den Main. Jetzt direkt zurück nach Kulmbach? Das wäre schade, langweilig und mit viel Verkehr garniert.

Also noch einmal ein paar Höhenmeter, allein der Anblick von Burg Wernstein und die **Kirche St. Veit** in Veitlahm lohnen die Anstrengung. Und natürlich der schöne lange Weg nach unten mit Blick auf Kulmbach und vor allem die Plassenburg. Mal sehen, ob Kulmbach mit der **Zunftstube** seinem Ruf als Bierhauptstadt Frankens Ehre macht! «

Hans von Kulmbach, mittelalterlicher Maler und Kind der Stadt

Blick von der Tanzlinde Peesten

Durch die Mainauen

RADELN & GENIEßEN

Bahnhof Kulmbach

Dem Wegweiser zum Zusammenfluss folgen.

KM 6

1 Zusammenfluss Roter und Weißer Main

Idyllische Pause

Hier passiert es also! Man hat es sich ein wenig größer vorgestellt, den Zusammenfluss zwischen Rotem und Weißem Main. Immerhin ist der Main mit 527 Kilometern Länge der längste rechte Nebenfluss des Rheins, und die beiden Quellflüsse haben immerhin schon 72 respektive 52 Kilometer auf dem Buckel. Fast romantisch ist es hier am Zusammenfluss, mitten in einem kleinen Wäldchen, mit einer Holzbrücke und einer kleinen Picknickstelle. Auf jeden Fall ein schöner Ort, um eine kleine Pause zu machen.

Rast an der Tanzlinde

Dem Radrundweg Kulmbach folgen.

Ochsenhof, Oase in Wüstenbuchau

KM 11

Tanzlinde Peesten

Um die Linde tanzen

Was bitte schön ist eine Tanzlinde? Ziemlich gewaltig, wenn man davorsteht. Auf jeden Fall eine Besonderheit des fränkischen und thüringischen Raums. Man tanzt nicht, wie man denken würde, um den Baum, sondern in ihm. In Peesten steht ein besonders schönes Exemplar. Eine steinerne Wendeltreppe führt auf den 87 Quadratmeter großen Tanzboden, drei Meter über dem Boden, und man kann sich sehr gut vorstellen, wie es wohl aussieht, wenn hier eine große Gesellschaft das Tanzbein schwingt. Eine gute Aussicht auf das Maintal gibt es obendrauf. (tanzlinde-peesten.de)

Weiter dem ausgeschilderten Radweg folgen über Buchau nach Wüstenbuchau.

KM 17,5

Ochsenhof

Rast mit Pferden

Dafür, dass Kulmbach den Ruf einer Bierstadt hat, gibt es in der Umgebung erstaunlich wenig Einkehrmöglichkeiten. Eine löbliche Ausnahme ist das Dörfchen Wüstenbuchau, das – dieses Wortspiel sei erlaubt – eine Oase ist. Jedenfalls der hier ansässige Ochsenhof, ein denkmalgeschützter Gutshof von 1701, lange leer stehend und dankenswerterweise seit 2012 von Grund auf saniert. Pferdefans kommen auf dem Bio-Bauernhof definitiv auf ihre Kosten, durstige und hungrige Fahrradfreund:innen allemal. Wegen der eingeschränkten Öffnungszeiten sollte man sich aber vorab auf der Website informieren. (ochsenhof.de)

Weiter Richtung Mainleus.

Hier wird der Main erwachsen

KM 21,5

4 Holzbrücke Mainleus

Picknickbrücke

Nett gemacht! Ein lauschiges Stückchen Main, viel wildwüchsige Natur und eine Holzbrücke, nicht irgendein Standardmodell, sondern die Luxusausführung mit Giebeldach. Fast 30 Jahre alt ist die Brücke, das sieht man ihr nicht an. Da hat die Gemeinde Mainleus richtig etwas investiert. Wenn eine Rast und etwas Schatten angesagt sind – oder wenn es regnet! Auch fantastisch für ein Picknick mit Blick auf den Main. Manchmal treffen sich hier die Jugendlichen des Städtchens, dann bekommt man aber wenigstens ein Medley der neuesten Deutsch-Rap-Songs zu hören.

Der Straße über Wernstein nach Veitlahm folgen.

Traditionsgaststätte Zunftstube

Holzbrücke in Mainleus

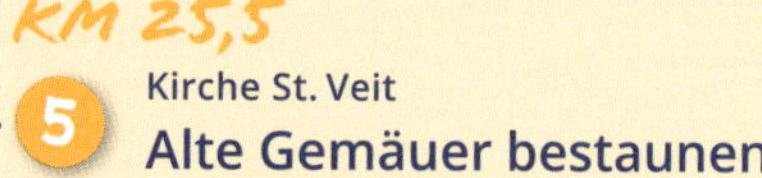

KM 25,5

5 Kirche St. Veit

Alte Gemäuer bestaunen

Vielleicht liegt es daran, dass man gemächlich den Berg hochkommt und Zeit hat, genauer hinzuschauen, bergab wäre man vielleicht an der Kirche St. Veit vorbeigerauscht. Aber welch ungewöhnliche Architektur! Vielleicht liegt es daran, dass die Kirche im 15. Jahrhundert über einem älteren Kern gebaut und der frei stehende Treppenturm erst Jahrzehnte später durch eine geschlossenen Holzbrücke mit dem Hauptgebäude verbunden wurde. Vor der Kirche ein Friedhof mit ebenfalls höchst unterschiedlicher Gräberarchitektur. Spannend und außergewöhnlich.

Weiter dem Radrundweg Kulmbach folgen.

KM 34

Zunftstube Kulmbach

Ein zünftiger Abschluss

Jetzt aber! Die Einkehr hat man sich mit den vielen Höhenmetern verdient. Die Auswahl ist in der Bierhauptstadt Kulmbach natürlich groß. Soll es lokaltypisch sein, bietet sich vor allem die Zunftstube an. Die Gaststube fränkisch-gemütlich mit Butzenglasfenstern, das Speisenangebot ebenfalls lokal ohne viel Schnickschnack. Und natürlich eine große Bierauswahl, sogar ein Zoigl ist im Angebot, für Biertrinker allein schon ein Grund, hier einzukehren. Obere Stadt 4, Kulmbach.

Über Spitalgasse und Sutte zum Bahnhof.

EXTRA INFOS:

Die Auswahl in der Bierstadt Kulmbach ist groß. Wenn es typisch fränkisch, lecker und günstig bei großen Portionen sein soll:

● **Restaurant Zum Petz**, Langgasse 3.

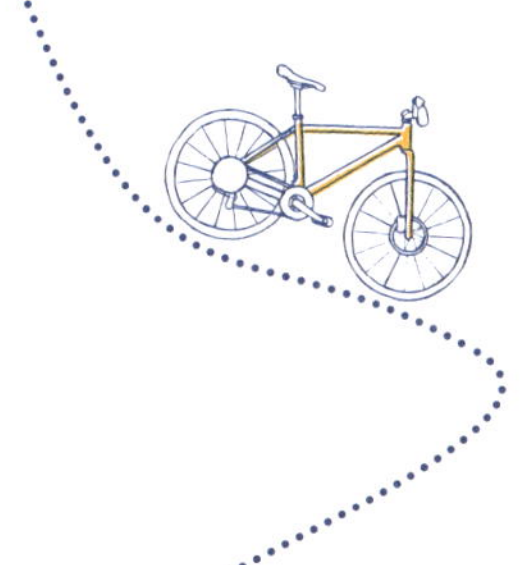

KM 34,5 » ZIEL

Bahnhof Kulmbach

ARCHITEKTUR ZUM STAUNEN

Kirche St. Veit

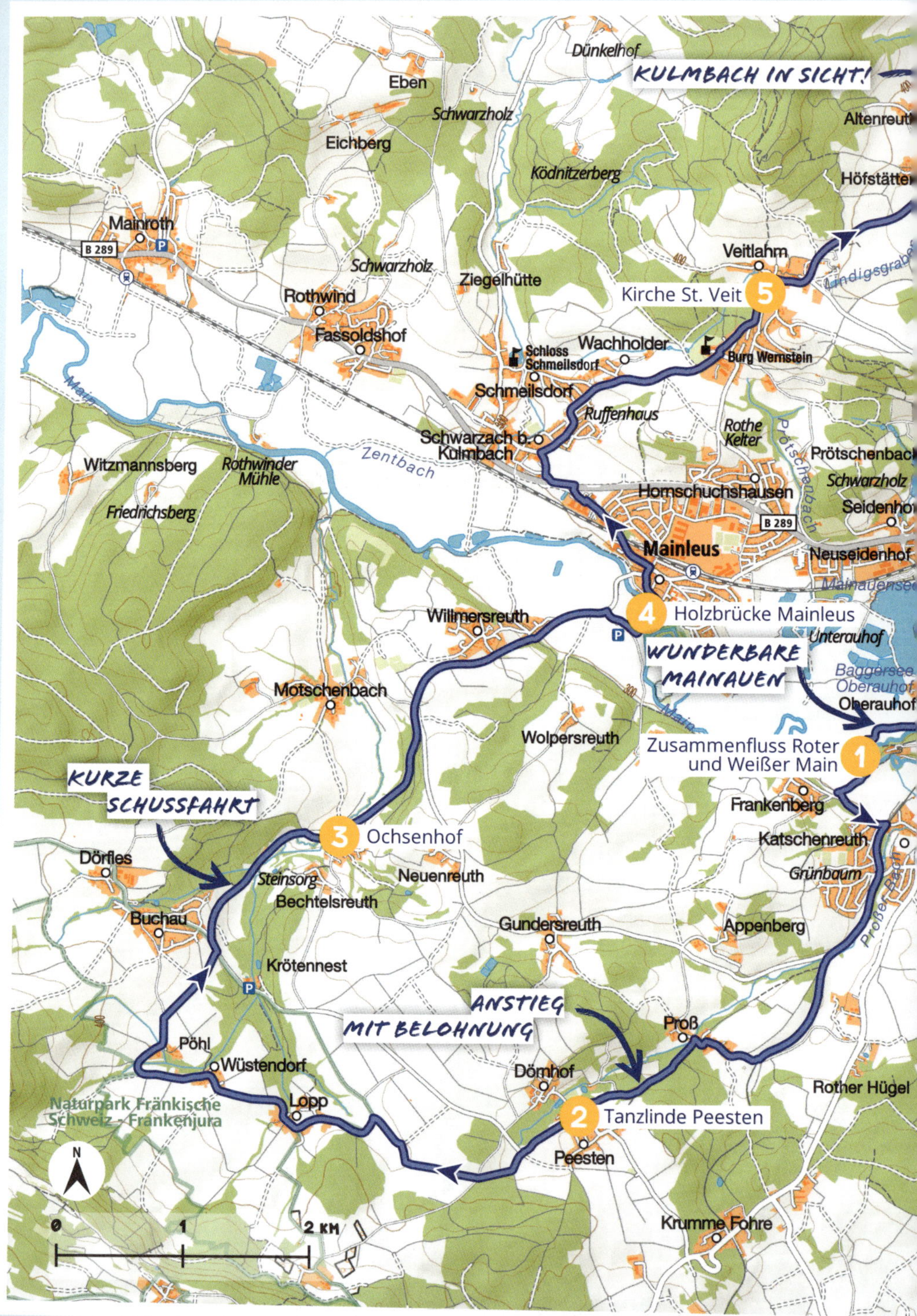

KULMBACH IN SICHT!
Dünkelhof
Eben
Schwarzholz
Eichberg
Ködnitzerberg
Mainroth
B 289
P
Schwarzholz
Ziegelhütte
Veitlahm
Rothwind
Fassoldshof
Kirche St. Veit
5
Schloss Schmeilsdorf
Wachholder
Burg Wernstein
Schmeilsdorf
Ruffenhaus
Main
Schwarzach b. Kulmbach
Rothe Kelter
Prötschenbach
Witzmannsberg
Rothwinder Mühle
Zentbach
Hornschuchshausen
Schwarzholz
Friedrichsberg
B 289
Mainleus
Neuseidenhof
4
Holzbrücke Mainleus
Willmersreuth
P
Unterauhof
WUNDERBARE MAINAUEN
Baggersee Oberauhof
Oberauhof
Motschenbach
Main
Wolpersreuth
Zusammenfluss Roter und Weißer Main
1
KURZE SCHUSSFAHRT
Frankenberg
3
Ochsenhof
Katschenreuth
Dörfles
Steinsorg
Neuenreuth
Grünbaum
Bechtelsreuth
Buchau
Gundersreuth
Appenberg
Krötennest
P
ANSTIEG MIT BELOHNUNG
Proß
Pöhl
Wüstendorf
Dörnhof
Rother Hügel
Naturpark Fränkische Schweiz - Frankenjura
Lopp
2
Tanzlinde Peesten
Peesten
N
Krumme Fohre
0
1
2 KM

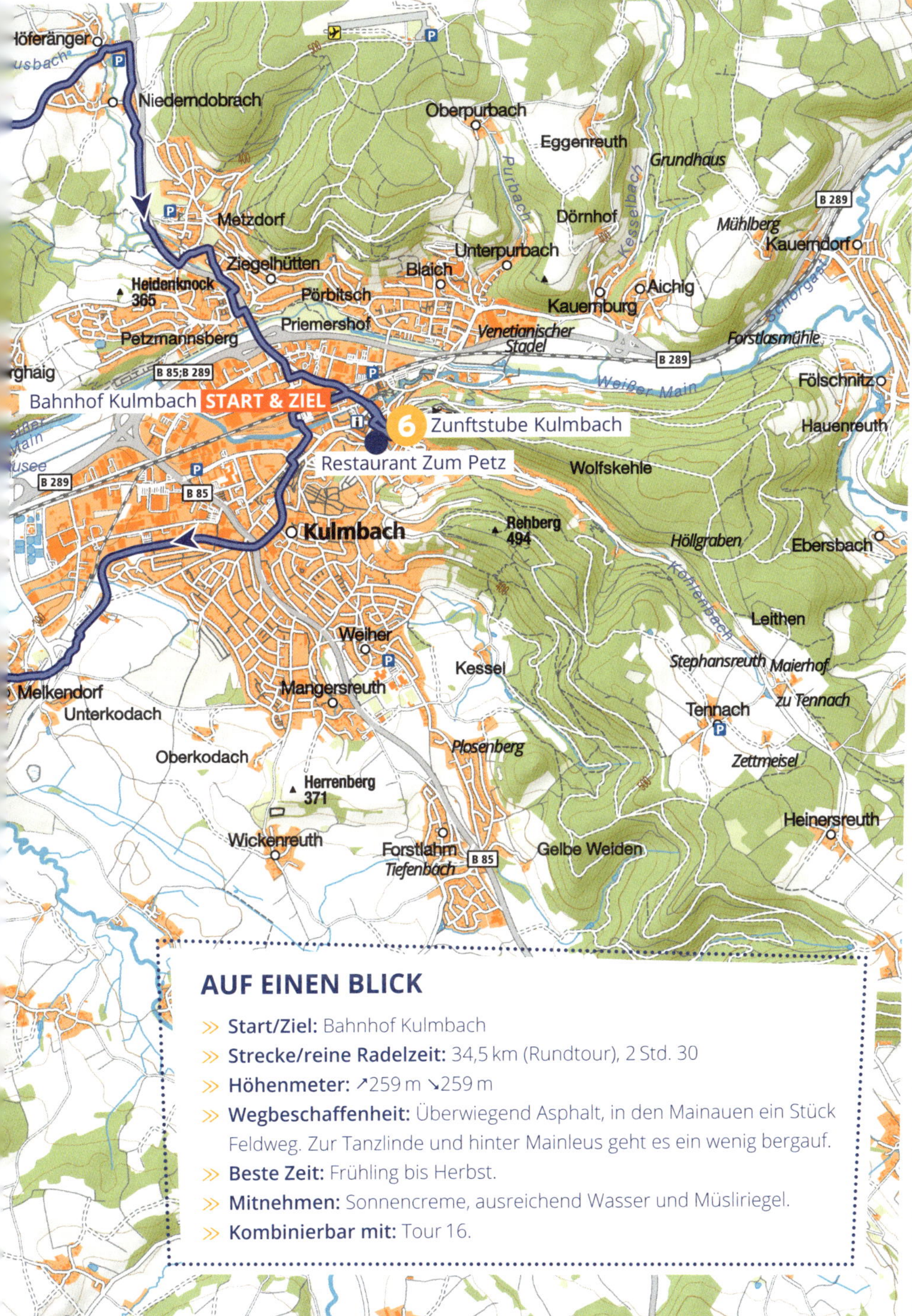

AUF EINEN BLICK

- **Start/Ziel:** Bahnhof Kulmbach
- **Strecke/reine Radelzeit:** 34,5 km (Rundtour), 2 Std. 30
- **Höhenmeter:** ↗259 m ↘259 m
- **Wegbeschaffenheit:** Überwiegend Asphalt, in den Mainauen ein Stück Feldweg. Zur Tanzlinde und hinter Mainleus geht es ein wenig bergauf.
- **Beste Zeit:** Frühling bis Herbst.
- **Mitnehmen:** Sonnencreme, ausreichend Wasser und Müsliriegel.
- **Kombinierbar mit:** Tour 16.

DIE RADELPAUSEN

» START
Bahnhof Coburg

KM 1
1 Albert-Denkmal
Sachse, oh mein Sachse!

KM 1,5
2 Queens Coffeehouse
Stärkung am Anfang

KM 9,5
3 Reichenbach-Haus in Grub
Schiefertraum

14

EIN HAUCH VON MITTELALTER

Von Coburg nach Kronach

Ganz viel mittelalterliche Architektur, putzige Schieferhäuschen und ein spektakuläres Wasserschloss. Dazwischen Natur satt, schöne Flussradwege und ruhige Landstraßen. Mit Coburg am Anfang und Kronach am Ende zwei malerische Städtchen, die zur Einkehr laden. Und immer wieder Überraschendes am Wegrand.

KM 31
4 Wasserschloss Mitwitz
Nahe am Wasser gebaut

KM 42,5
5 KZ-Außenlager Gundelsdorf
Stilles Gedenken

KM 46,5
6 Bistro Cocono
Altstadt genießen

KM 47,5 » ZIEL
Bahnhof Kronach

EINE ALTSTADT ZUM NIEDERKNIEN!

Muss man auch, wenn man Albert, Prinz von Sachsen, besser gesagt seine **Statue** vor dem schmucken Stadthaus, ganz auf die Linse bekommen möchte. Fast schade, Coburg, vom 16. Jahrhundert bis 1918 Residenzstadt der Herzöge von Sachsen-Coburg, zu verlassen, vielleicht noch ein Abstecher zum Schloss, auf jeden Fall aber sollte Zeit für einen Kaffee sein. **Queens Coffeehouse** kommt dafür gut infrage.

Dann aber los, erst einmal die Itz entlang. Dann lockt jedoch das Nebental, durch das sich der Füllbach schlängelt. Wo die ICE-Strecke nach Erfurt spektakulär das Tal überspannt. Zwei Eisenbahnstrecken, eine Bundesstraße, trotzdem noch viel Platz für eine ruhige Radroute. In **Grub** am Forst der Traum eines **schieferverkleideten Hauses**. Überhaupt scheint Schiefer hier nicht nur allenthalben die Dächer zu decken, sondern ziert auch so manche Hauswand. Es scheint den Franken hier gut zu gehen. Schmucke Dörfer, makellose Straßen. Leider auch zuweilen viel Verkehr.

DAS BESTE KOMMT (FAST) ZUM SCHLUSS: DER TRAUMBLICK AUF DIE FESTUNG ROSENBERG

Bei der Überquerung der A 73 ein Stück Fernfahrerromantik. Mehrere Tankstellen, McDonalds, Zweckbauten. Also runter vom ausgeschilderten Radweg nach Kronach und ab auf die Nebenwege. Waldwege und Alleestraßen wechseln sich ab. Ab und zu ein freundlicher Landwirt auf seinem Ackerboliden. In Neuensorg grüßt ein steinerner Bär die Radelnden. An der Steinach radelt es sich so schön, dass man ihr gerne noch ein wenig folgt.

Es lohnt sich: In Mitwitz wartet ein imposantes **Wasserschloss**. Zur Bächler Alm geht es, man hat es geahnt, ein wenig bergauf, Alpenfeeling ohne viele Höhenmeter. Zeit für eine kurze Erholungspause! Die Abfahrt ins Haßlachtal entspannt. Zwischendrin eine **KZ-Gedenkstätte**.

Kronach kündigt sich schon von Weitem mit der Festung Rosenberg an. Die letzten Kilometer ein Traum von einem Radweg durch die Haßlachauen. Die Stadt selbst ein Schmuckkästchen. Die wenigen Höhenmeter zur Altstadt sind schnell absolviert. Jetzt erst einmal am **Bistro Cocono** hinsetzen und die mittelalterliche Atmosphäre genießen!

Rathaus Coburg

Reichenbachhaus

erbaut 1801 – renoviert 2001

Schiefertraum

Blick auf Kronach

RADELN & GENIEßEN

»START
Bahnhof Coburg

Radwegweiser Richtung Altstadt folgen.

DEM SACHSEN ZUM GRUSS

Albert-Denkmal in Coburg

KM 1

Albert-Denkmal

Sachse, oh mein Sachse!

Daran muss man sich erst einmal gewöhnen: Was macht Albert, Prinz von Sachsen, denn da auf einem fränkischen Marktplatz? Aber klar, Coburg war lange Zeit Residenzstadt der Herzöge von Sachsen-Coburg, daher! Und wer war Albert? Und womit hat er sich den Logenplatz verdient? Wird auf dem Sockel erklärt: Albert war Ehemann der britischen Königin Victoria und hatte wohl einigen Einfluss auf die Geschicke des Vereinigten Königreichs. Und das Denkmal? War ein Geschenk von Queen Victoria an die Heimatstadt ihres verstorbenen Gatten. Der feierlichen Enthüllung des Denkmals wohnte sie am 26. August 1865 höchstpersönlich bei.

Der Ketschengasse folgen.

Kaffee und Kuchen im Queens

Das Reichenbach-Haus

SCHIEFER-ARCHITEKTUR VOM FEINSTEN

KM 1,5

2 Queens Coffeehouse
Stärkung am Anfang

Das ist eines dieser Cafés, die einen fast magisch vom Rad und nach innen ziehen. Beziehungsweise auf die Holzbänke davor. Das Queens liegt direkt am Radweg, kurz bevor man die Coburger Altstadt verlässt. Hoffentlich ist der Kaffee so gut wie das Ambiente! Ist er, selbst geröstet, dazu gibt es eine kleine, aber feine Auswahl an Kuchen und, falls es schon etwas später ist, verschiedene Flammkuchen, auch süß und vegetarisch. Achtung: Selbstbedienung! (www.coburgmarketing.de/en/gastro/queens-coffeehouse)

Dem Radwegweiser Richtung Kronach folgen.

KM 9,5

3 Reichenbach-Haus in Grub
Schiefertraum

Kaum zu glauben, dass das Reichenbach-Haus in Grub am Forst nach dem Tod des letzten Besitzers praktisch dem Verfall preisgegeben war. Dass das oberhalb des Erdgeschosses vollständig mit Schieferplatten bedeckte Haus heute im alten Glanz erstrahlt, ist einer Initiative engagierte Grüber Bürger von 1997 zu verdanken, die das Haus erwarben und restaurierten. Heute beherbergt es das Heimatmuseum Grub am Forst, besser gesagt: Es ist das Museum. Beim Blick auf die Räumlichkeiten bekommt man einen guten Eindruck vom Leben der »einfachen Leute« auf dem Lande.

Richtung Ebersberg bei Coburg, am Ortsausgang nicht der Beschilderung nach Kronach folgen, sondern die B 303 überqueren und dem Radweg Burgenstraße folgen.

KM 31

4

Wasserschloss Mitwitz

Nahe am Wasser gebaut

Von Leutendorf direkt nach Kronach abzukürzen, wäre eine Option, dann würde man allerdings nicht nur das schöne Tal der Steinach, sondern auch das Wasserschloss Mitwitz verpassen. Was für ein gewaltiges Gebäude, das eher wie eine Wasserburg als wie ein -schloss aussieht. Die erste urkundliche Erwähnung ist auf das Jahr 1266 datiert, seine heutige Gestalt bekam es jedoch nach Zerstörung im deutschen Bauernkrieg erst im 16. Jahrhundert. Nach wechselnden Besitzern hat es nun der Landkreis Kronach übernommen. Honigliebhaber finden hier ein kleines Imkereimuseum. Wer es gern skurril-figürlich mag, wird im Skulpturenpark am Schloss fündig. Alle anderen freuen sich über ein spektakuläres Fotomotiv.

Über den Radweg Radroute Oberfranken auf den Iron-Curtain-Trail/Eurovelo 13, diesem über die Bächler Alm nach Gundelsdorf folgen, hier Richtung Kronach abbiegen.

Wasserschloss Mitwitz

Gedenkstätte KZ-Außenlager

KM 42,5

5

KZ-Außenlager Gundelsdorf

Stilles Gedenken

Das geht unter die Haut. Das Konzentrationslager Flossenbürg hatte etliche Außenlager in ganz Franken. Vom 12. September 1944 bis zum 13. April 1945 waren bei Gundelsdorf mehr als 100 jüdische Häftlinge untergebracht, unter ihnen viele Frauen, die unter widrigsten Bedingungen Zwangsarbeit verrichten mussten. Eine Infotafel und ein auf Flossenbürger Granit vom Kronacher Bildhauer Heinrich Schreiber gestalteter Gedenkstein erinnern an die dunkle Zeit. Geben aber auch Hoffnung: Der Gedenkstein zeigt zwar eine leidende Menschenmenge, dabei aber Figuren, die sich ihre Individualität und ihre Menschenwürde erhalten haben.

Weiter nach Kronach.

EXTRA INFOS:

Wenn es mal etwas absolut Cooles im ansonsten etwas biederen Franken sein soll: Die ● **Café-Bar Karibik** in der Galerie Ambiente in Kronach bietet einen lauschigen Garten, kreative Cocktails, leckeren Kuchen, und auch an Nicht-Fleischesser ist gedacht. (galerie-ambiente.de)

KM 47,5 » ZIEL
Bahnhof Kronach

KM 46,5

6 Bistro Cocono

Altstadt genießen

Steil nach oben geht es zum Marktplatz, und auch die Innenstadt Kronachs ist nicht eben, sondern besteht aus zwei parallel geführten Kopfsteinpflastereinbahnstraßen, die nur im ersten Gang zu bewältigen sind. Ein Zeichen, das Rad für den Tag abzustellen und nach einem schönen Restaurant mit Altstadtblick zu suchen, am besten mit Außenterrasse. Vielleicht auch mal was anderes als fränkisch essen? Das Cocono bietet sich an: Direkt in der Altstadt, schöne, schattige Außenplätze und eine Speisekarte, die sich dem mediterranen Essen verschrieben hat. Was will man mehr? (cocono-bar.de)

Rechts den Berg hoch, dann über die Amtsgerichtsstraße und durch das Bamberger Tor, entlang der Rosenau, über die Haßlach und dann links auf den Bahnhofsvorplatz.

Ein Hauch Mittelmeer in der Kronacher Altstadt

AUF EINEN BLICK

- **Start:** Bahnhof Coburg
- **Ziel:** Bahnhof Kronach
- **Strecke/reine Radelzeit:** 47,5 km (Streckentour), 3 Std.
- **Höhenmeter:** ↗223 m ↘206 m
- **Wegbeschaffenheit:** Überwiegend Asphalt, zwischen Mitwitz und dem Haßlachtal ein paar kurze nicht asphaltierte Strecken. Die meisten Höhenmeter werden auch auf diesem Abschnitt absolviert.
- **Beste Zeit:** Frühling bis Herbst.
- **Mitnehmen:** Sonnencreme, ausreichend Wasser.
- **Kombinierbar mit:** Tour 15 und Tour 16.

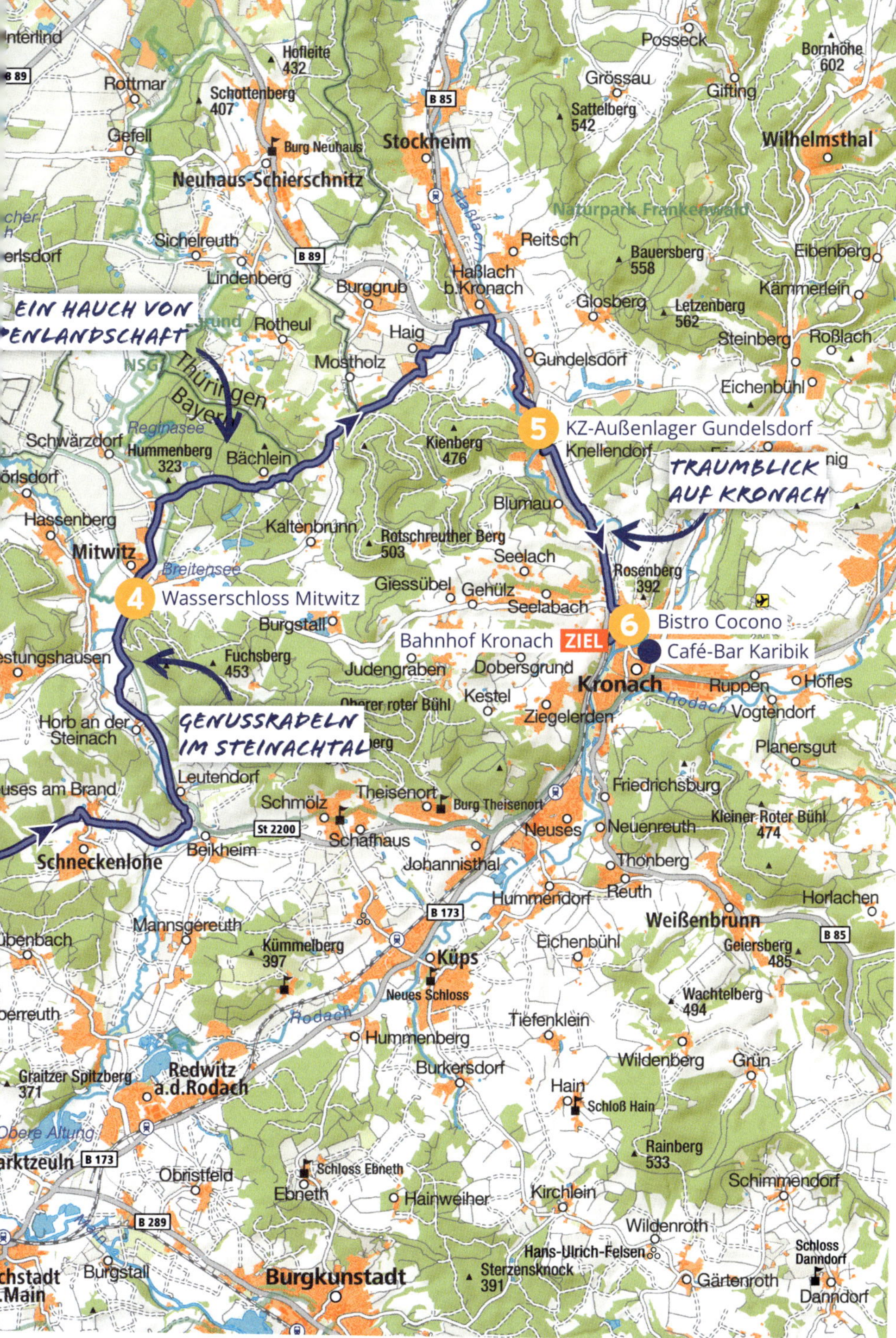

EIN HAUCH VON
PENLANDSCHAFT
TRAUMBLICK
AUF KRONACH
GENUSSRADELN
IM STEINACHTAL
4 Wasserschloss Mitwitz
5 KZ-Außenlager Gundelsdorf
6 Bistro Cocono
Café-Bar Karibik
Bahnhof Kronach ZIEL
Kronach
Stockheim
Neuhaus-Schierschnitz
Burg Neuhaus
Wilhelmsthal
Naturpark Frankenwald
Mitwitz
Schneckenlohe
Küps
Neues Schloss
Redwitz a.d.Rodach
Burgkunstadt
Weißenbrunn
Posseck
Grössau
Gifting
Bornhöhe 602
Sattelberg 542
Hofleite 432
Schottenberg 407
Rottmar
Gefell
Sichelreuth
Lindenberg
Burggrub
Haßlach b.Kronach
Reitsch
Bauersberg 558
Eibenberg
Kämmerlein
Glosberg
Letzenberg 562
Steinberg
Roßlach
Eichenbühl
Gundelsdorf
Haig
Rotheul
Mostholz
Thüringen
Bayern
Reginasee
Schwärzdorf
Hummenberg 323
Bächlein
Kienberg 476
Knellendorf
Blumau
Hassenberg
Kaltenbrunn
Rotschreuther Berg 503
Seelach
Breitensee
Giessübel
Gehülz
Seelabach
Rosenberg 392
Burgstall
Fuchsberg 453
Judengraben
Dobersgrund
Ruppen
Höfles
Kestel
Ziegelerden
Rodach
Vogtendorf
Horb an der Steinach
Planersgut
Leutendorf
Theisenort
Burg Theisenort
Friedrichsburg
Schmölz
Neuses
Neuenreuth
Kleiner Roter Bühl 474
Beikheim
St 2200
Schafhaus
Johannisthal
Thonberg
Reuth
Hummendorf
Horlachen
B 173
B 85
B 89
Mannsgereuth
Kümmelberg 397
Eichenbühl
Geiersberg 485
Wachtelberg 494
Hummenberg
Tiefenklein
Wildenberg
Grün
Burkersdorf
Hain
Schloß Hain
Graitzer Spitzberg 371
Obere Altung
Rainberg 533
B 173
Schimmendorf
Schloss Ebneth
Obristfeld
Ebneth
Hainweiher
Kirchlein
B 289
Main
Wildenroth
Hans-Ulrich-Felsen
Schloss Danndorf
Burgstall
Sterzensknock 391
Gärtenroth
Danndorf

DIE RADELPAUSEN

» START
Bahnhof Bad Staffelstein

KM 1
1 Adam-Ries-Denkmal
Bis drei zählen

KM 6,5
2 Basilika Vierzehnheiligen
Brotzeit am Kloster

KM 11
3 Altstadt Lichtenfels
Ein Himmel voller Körbe

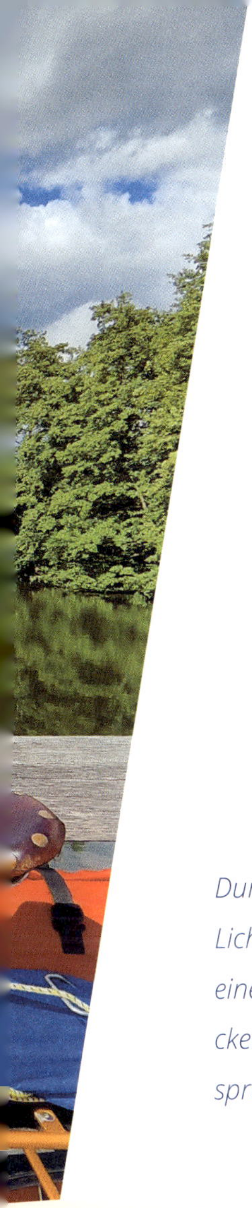

15

OFF THE MAINROAD

Von Bad Staffelstein nach Kronach

Durch das Maintal ins malerische Rodachtal, garniert mit der Korbstadt Lichtenfels, dem Traumblick mit Getränk bei Vierzehnheiligen und der einen oder anderen rätselhaften Figur am Rande der Tour. Die schmucken Städtchen Bad Staffelstein und Kronach rahmen diese etwas anspruchsvollere Tour ein, die auch kulinarisch einiges zu bieten hat.

KM 19,5

4 Abraham-Statue Marktzeuln

Orient am Rande

KM 27,5

5 Gasthaus Reeb

Zu Gast im Dorf

KM 35,5

6 Uferpromenade Kronach

Es grüßt die Kunst

KM 37 » ZIEL

Bahnhof Kronach

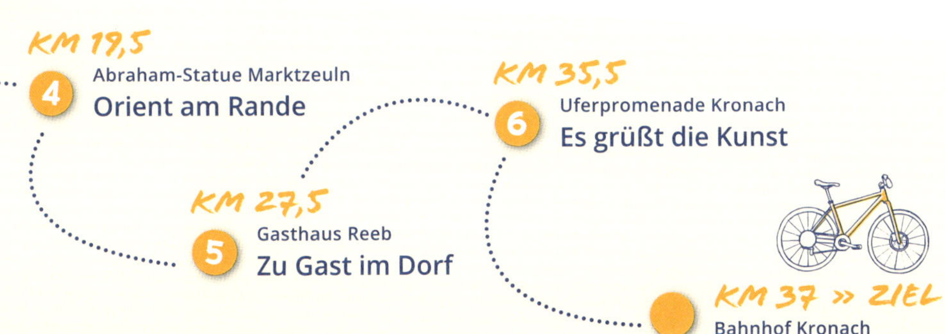

PICOBELLO SAUBER!

Bad Staffelstein hat wohl eine der gepflegtesten Bahnhofsstraßen Deutschlands. Zudem steht da so einiges Interessantes am Wegrand. Erst grüßt Joseph Victor von Scheffel, der Dichter, der ganz Franken ein dichterisches Denkmal gesetzt hat, das später als Frankenhymne weithin bekannt werden sollte, dann kein Geringerer als **Adam Ries**. Hinter Staffelstein ein Stück Feldweg mit Traumblick auf das Kloster Banz, traditionell Ort der jährlichen CSU-Klausurtagung. Reizvoll, aber ein bergiger Umweg.

Wenn schon Berg, dann muss er sich lohnen, und das trifft auf den Anstieg zur **Basilika Vierzehnheiligen** definitiv zu. Auch weil es hier gleich mehrere Biergärten mit Ausblick gibt. Beschwingt geht es zurück ins Tal. Der Wermutstropfen: **Lichtenfels** verzichtet fast vollständig auf Radinfrastruktur. Die Versöhnung: Die **Altstadt** ist spektakulär schön. Und vom Ortsrand geht es ein Stück durch Mischwald den Main entlang, ein wenig über den Deich, und dann den Rudufersee entlang, Naturlehrpfad inklusive.

SCHÖNSTER MOMENT: IN VIERZEHNHEILIGEN ANGEKOMMEN SEIN, DURCHSCHNAUFEN UND DIE AUSSICHT GENIESSEN.

An der Rodach lockt Marktzeuln mit einem sehenswerten Torhaus in Fachwerkbauweise. Und einer Skurrilität am Wegrand, an der man fast vorbeisaust. Eine orientalisch aussehende **Sandsteinfigur**. Was es damit wohl auf sich hat? Von Marktzeuln idyllisch die Rodach entlang, rechts lockt eine Pizzeria, da müsste man aber über die radunfreundliche Brücke. Dann eben einen Ort weiter. Das **Gasthaus Reeb** in Küps stillt auch Hunger und Durst.

Auf verschlungenen Pfaden weiter die Rodach entlang, unter einer Brücke durch, und dann ist Kronach nicht mehr zu übersehen, genauer gesagt: die Festung Rosenberg. Den Weg in die Innenstadt durch das **Gelände der ehemaligen Landesgartenschau** flankieren allerlei Figuren und Kunstobjekte. Das Städtchen selbst: idyllisch, leider mit sehr viel Kopfsteinpflaster bergan. Aber es lohnt sich! «

Voll im Trend: Alpakas

Die Korbkinder von Lichtenfels

Blick auf die Festung Rosenberg

RADELN & GENIEßEN

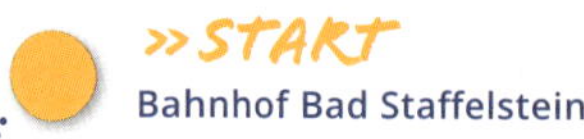

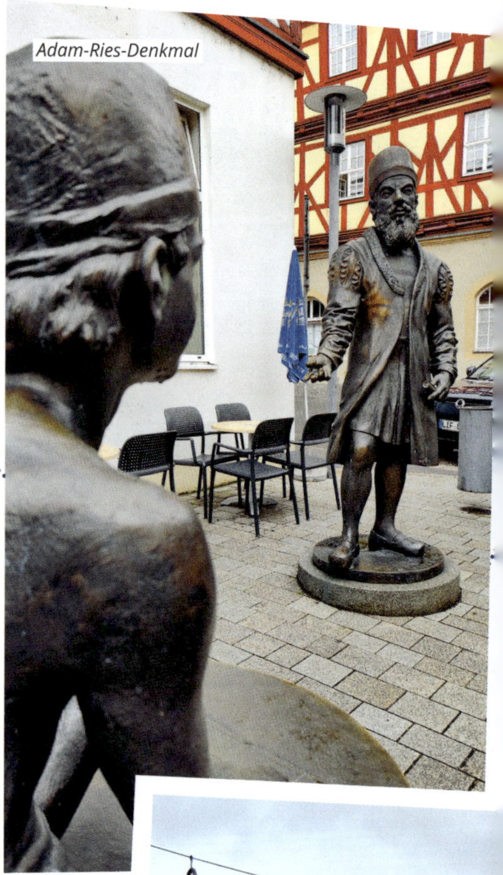
Adam-Ries-Denkmal

»START

Bahnhof Bad Staffelstein

Radwegweiser Richtung Altstadt folgen.

KM 1

1

Adam-Ries-Denkmal

Bis drei zählen

Ries heißt der Mann, Adam Ries. Nicht Riese. Mathematiker und Orthografie, das ist eine schwierige Angelegenheit. Adam Ries, bekannt wurde er durch sein Lehrbuch »Rechnung auff der Linihen und Federn«, das nicht – wie damals üblich – in lateinischer, sondern in deutscher Sprache geschrieben war. Hier, in Bad Staffelstein, wurde er 1492 geboren, und deshalb steht er hier lehrend und belehrend als Statue, ein gelehriger Schüler zu seinen Füßen. Grüßen und losradeln, es sind heute noch über 35 Kilometer Radtour.

Auf der Oberfränkischen Marientour über Wolfsdorf nach Grundfeld, hier rechts nach Vierzehnheiligen abbiegen.

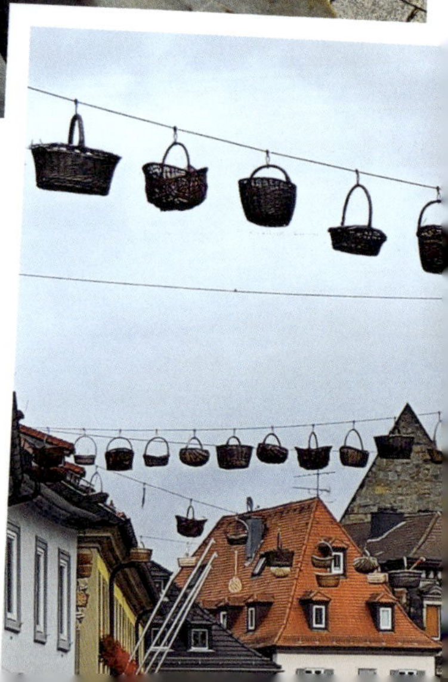

KM 6,5

2 Basilika Vierzehnheiligen
Brotzeit am Kloster

Man kann sich natürlich auch die Basilika Vierzehnheiligen anschauen. Sollte man sogar, das nach Plänen von Balthasar Neumann gebaute Gotteshaus sieht etwa eine halbe Million Besucher im Jahr, und das zu Recht! Aber Hand aufs Herz: Die meisten kommen wegen der Aussicht, der Gastronomie und vor allem wegen des guten Biers. Biergarten mit Traumblick auf das Maintal und die Basilika, lecker Biergartenessen und exzellenter Hopfensaft: Da kann man auch nicht Nein sagen. (brauerei-trunk.de)

Schuss ins Tal und dann der Ausschilderung nach Lichtenfels folgen.

Brotzeit bei Vierzehnheiligen

Altstadt Lichtenfels

3 Altstadt Lichtenfels
Ein Himmel voller Körbe

Was hängt da über dem Marktplatz? Aha, Lichtenfels ist Korbstadt, beziehungsweise historisches und aktuelles Zentrum des Korb- und Flechthandwerks. In Deutschland einzigartig ist die Berufsfachschule für Flechtwerkgestaltung, und auch im Innovationszentrum Lichtenfels dreht sich alles um Design, Marketing und Technologie für das Flechthandwerk. Einen geflochtenen Korb für das Fahrrad? Das wäre doch mal was. Bis dahin hängen die Körbe in den Schaufenstern und eben über der Altstadt. Vielleicht ist ja doch was dabei zum Mitnehmen?

Dem Mainradweg folgen und in Schürbitz links nach Marktzeuln abbiegen.

KM 19,5

4 Abraham-Statue Marktzeuln

Orient am Rande

Aus dem Augenwinkel sieht man eine Figur. War das ein Turban da auf dem Kopf? Und ein Krummsäbel in der Hand? In Zeiten politischer Korrektheit weiß man ja nie, was da schon wieder für eine historische Peinlichkeit im öffentlichen Raum steht. Absteigen und schauen: Tatsächlich steht da eine Figur gegenüber dem Rathaus, die eindeutig einen Orientalen im Klischeeoutfit darstellt. Die Auflösung: Die im Volksmund »Abraham« genannte Sandsteinfigur stammt aus dem Konventgarten des Klosters Langheim und ist wohl eine Allegorie auf den Kontinent Asien. Die drei anderen Erdteile aus einem ehemaligen Quartett haben es leider nicht bis Marktzeuln geschafft.

Dem Rodach-Radweg folgen.

Gruß aus dem Orient

So muss ein Dorfgasthaus sein!

KM 27,5

5 Gasthaus Reeb

Zu Gast im Dorf

So etwas gibt es eigentlich gar nicht mehr. Das Gasthaus Reeb in Küps, ein Dorfgasthof, wie man ihn aus der eigenen Kindheit kennt, wenn man die 50 überschritten hat. Hier trifft sich tatsächlich noch das Dorf, nicht nur mangels Alternative, sondern auch, weil das Essen zwar einfach, aber gut und günstig ist und der Ort vor allen Dingen gemütlich. Mehr oder weniger ein holzverkleideter Zweckbau mit ein paar Tischen, Stühlen und Bänken davor. Radfahrende werden begrüßt, als würden sie hier wohnen. Nageler Straße 42, Küps.

Weiter die Rodach entlang nach Kronach.

KM 35,5

6 Uferpromenade Kronach

Es grüßt die Kunst

Es gibt hässlichere Wege, um in eine Stadt hineinzuradeln. Aber kaum schönere. Das war nicht immer so. Noch in den 1990er-Jahren stand hier ein Gewerbegebiet mit massiven Umweltproblemen. Damit aus diesem belasteten Areal ein attraktiver Lebens- und Naturraum werden konnte, schulterte die Stadt Kronach für das Jahr der Landgartenschau 2002 eine der größten Altlastensanierungen, die in Bayern je durchgeführt wurden. Das hat sich definitiv gelohnt, als Bonus bekommt man noch eine gehörige Portion durchaus spannende Kunst am Wegrand.

Durch das Gartenschaugelände und dann der Ausschilderung zum Bahnhof folgen.

EXTRA INFOS:

Ein absoluter Hingucker und für alle mit etwas mehr Zeit ein mehr als empfehlenswerter Zwischenstopp: Das ● **Archiv der Zukunft** regt mit seinen wechselnden digitalen Ausstellungen zum Nachdenken an. (archivderzukunft-lichtenfels.de)

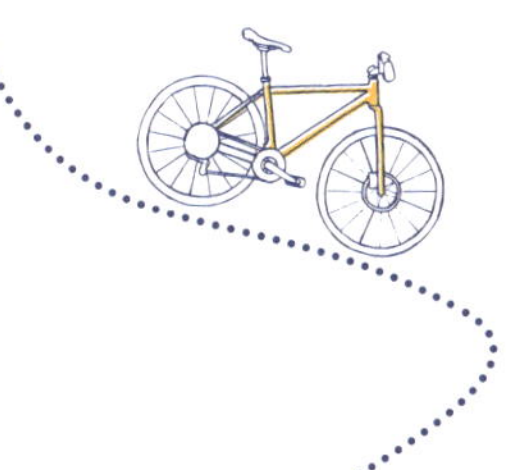

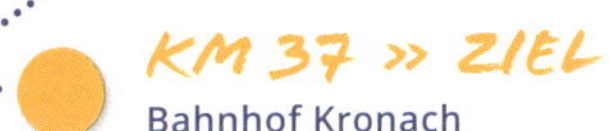

KM 37 » ZIEL

Bahnhof Kronach

DURCH KUNST NACH KRONACH

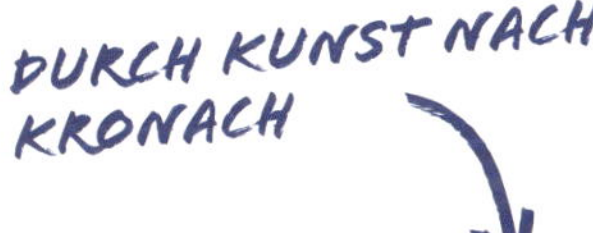

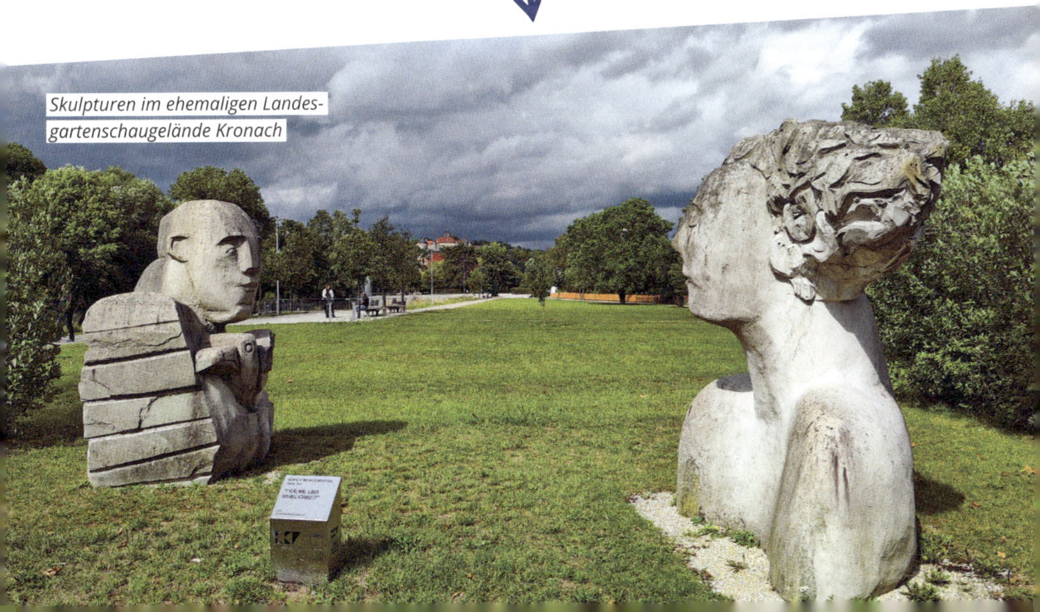

Skulpturen im ehemaligen Landesgartenschaugelände Kronach

AUF EINEN BLICK

- **Start:** Bahnhof Bad Staffelstein
- **Ziel:** Bahnhof Kronach
- **Strecke/reine Radelzeit:** 37 km (Streckentour), 2 Std. 30
- **Höhenmeter:** ↗168 m ↘124 m
- **Wegbeschaffenheit:** Überwiegend Asphalt, am Main und an der Rodach teilweise Feldweg, aber gut zu fahren. Kaum Höhenmeter, nur der Anstieg nach Vierzehnheiligen hat es ins sich, der lohnt sich aber!
- **Beste Zeit:** Frühling bis Herbst.
- **Mitnehmen:** Sonnencreme, ausreichend Wasser.
- **Kombinierbar mit:** Tour 14 und Tour 16.

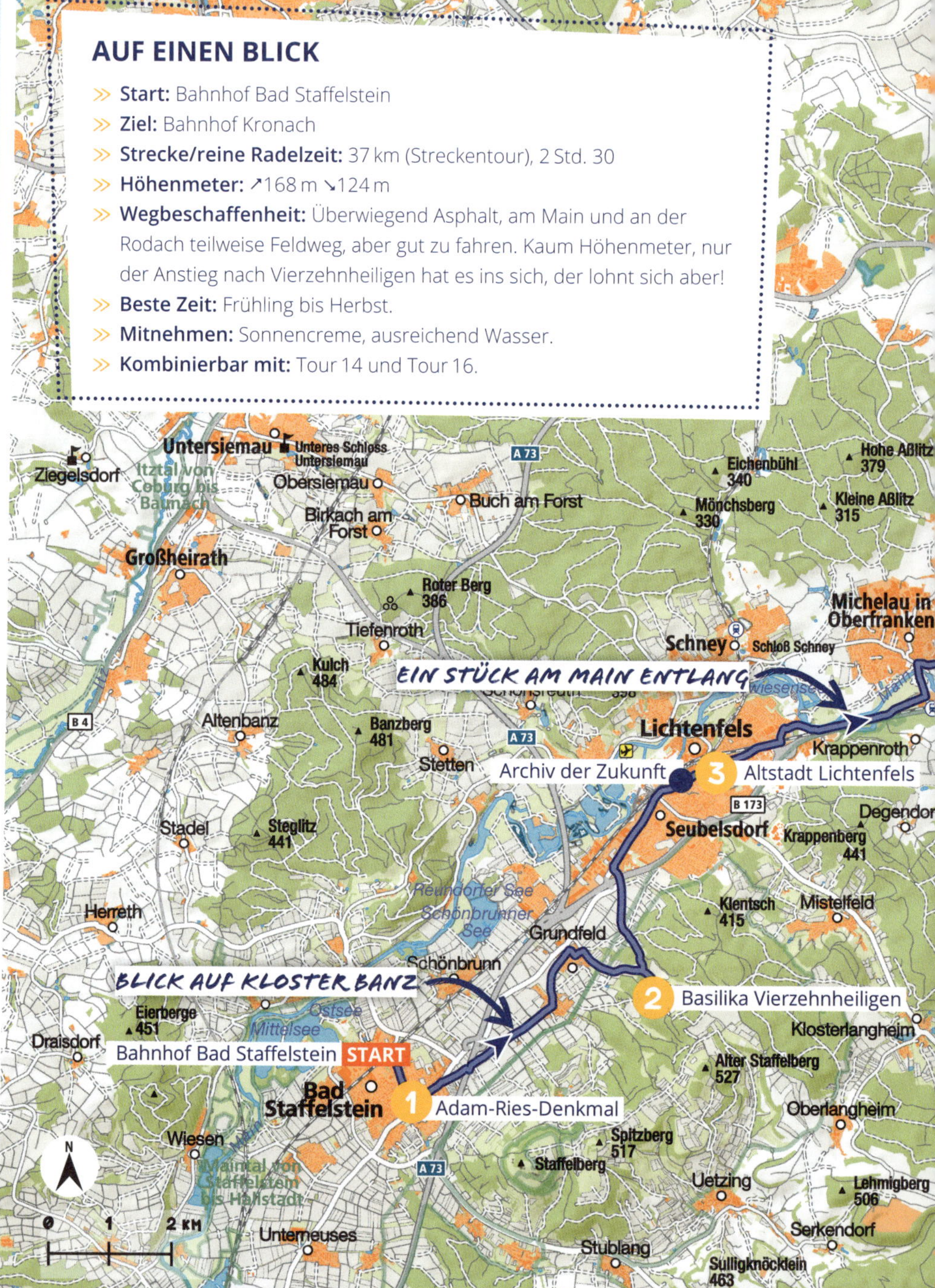

Bahnhof Kronach
ZIEL
Kronach
Uferpromenade Kronach
6
WUNDERBARES LANDESGARTENSCHAU-GELÄNDE
5
Gasthaus Reeb
DURCH DAS RODACHTAL
4
Abraham-Statue Marktzeuln
Mitwitz
Oberes Schloss
Zedersdorf
Gestungshausen
Firmelsdorf
Burgstall
Giessübel
Seelach
Seelabach
Gehülz
Judengraben
Fuchsberg 453
Oberer roter Bühl 517
Horb an der Steinach
Naturpark Frankenwald
Kestel
Heidelberg
Sternberg 434
Friedrichsburg
Neuenreuth
Thonberg
Reuth
Weißenbrunn
Neuses
Johannisthal
Schathaus
Leutendorf
Neuses am Brand
Beikheim
Schneckenlohe
Weidhausen bei Coburg
Trübenbach
Mannsgereuth
Kümmelberg 397
Schloss Nagel
Küps
Eichenbühl
Wachtelberg 494
Oberreuth
Unterlangenstadt
Hummenberg
Tiefenklein
Wildenberg
Graitzer Spitzberg 371
Burkersdorf
Hain
Schloß Hain
Redwitz a.d.Rodach
Obere Altung
Ebneth
Rainberg 533
Obristfeld
Hainweiher
Kirchlein
Wildenroth
Schloss Wildenroth
Burgstall
Hochstadt a.Main
Burgkunstadt
Sterzensknock 391
Gärtenroth
Kreibitzenberg 362
Anger
Obersdorf
Strössendorf
Thelitz
Külmitz 438
Steinbühl 375
Theisau
Eulenberg 429
Main
Mainroth
Rothwind
Fronberg 318
Maineck
Fassoldshof
Burkheim
Roth
Baiersdorf
Zähberg 351
Isling
Großer Kordigast 537
LSG "Fränkische Schweiz - Veldensteiner Forst" im Regierungsbezirk Oberfranken
Giechkröttendorf
Schloss Giechkröttendorf
Geutenreuth
Motschenbach
Altendorf
Siedamsdorf
Weismain
Wüstenbuchau
Dörfles
Kaspauer
Buchau
Köttel
Kalkberg 454
Niesten
Görau
B 303
B 173
St 2200
B 85
B 289

DIE RADELPAUSEN

» START
Bahnhof Kronach

KM 0,5
1 Bäckerei & Café am Bamberger Tor
Kaffee am Marktplatz

KM 1,5
2 Stadtgeschichtspromenade
Geschichte durchradeln

KM 15
3 Hofladen Schuberth
Regionale Spezialitäten probieren

16 TÄLER UND TECHNIK

Von Kronach nach Neuenmarkt

Spektakuläre Landschaft, tolle Fernsicht und die romantisch-schroffe Steinachklamm: Diese Tour verwöhnt mit einer geballten Ladung natürlicher Schönheit. Als Kontrast dazu Meilensteine der modernen Technik und das ein oder andere Industriedenkmal. Und mit der Waldschänke Oberhammer der wohl schönste Biergarten der Region.

ES FÄLLT SCHWER, SICH LOSZUREISSEN

Schon ein schmuckes Städtchen, dieses Kronach! Vielleicht noch ein Croissant und einen Kaffee in der Altstadt. Dann aber erst einmal bergab durch das imposante **Bamberger Tor**, dann über das ehemalige Landesgartenschaugelände die Haßlach entlang. Dort durchradelt man praktisch die **Kronacher Stadtgeschichte**. Spannend!

Durchs malerische Fischbachtal geht es erst einmal nach oben. Korn- und Maisfelder wechseln sich ab, dazwischen leuchtend grüne Wiesen. Schweißtreibend der Anstieg, dafür eine spektakuläre Sicht. Auf was schaut man da? Den Frankenwald und die Fränkische Schweiz! So schön, dass man am liebsten hinradeln würde. Zuerst aber helle Freude, dass es die nächsten Kilometer stramm bergab geht. Rollen lassen fast bis Stadtsteinach! Okay, einen kleinen Gegenanstieg gibt es, den man aber mit Schwung nehmen kann. Und für den **Hofladen Schuberth** sollte man eben auch kurz anhalten ...

DIE EINFAHRT IN DIE STEINACHKLAMM IST EINFACH ATEMBERAUBEND!

Stadtsteinach, ein schmuckes Städtchen, begrüßt mit einem bunten, comichaften Blumengemälde an der Brauerei Schübel. Blumen, kein Bier, aber das kann man ein paar Kilometer weiter in der Steinachklamm nachholen. Zuvor großes Staunen über die alte Mühle am Eingang der Schlucht, ein immer noch funktionierendes **Industriedenkmal**. Nun aber erst einmal Rast, schließlich geht es wieder bergauf. Dem einen oder der anderen wird es in der **Waldschänke Oberhammer** so munden, dass umkehren und zum Bahnhof Untersteinach rollen durchaus eine Alternative ist.

Hier kann man sich jedoch auch prächtig stärken für die vor allem im ersten Abschnitt mit seinen steilen, bizarren Felsformationen auf beiden Seiten spektakuläre, aber auch anspruchsvolle Fahrt durch die Steinachklamm. Was für ein Gefühl, es geschafft zu haben und ein weiteres Mal durch tolle Fernsicht belohnt zu werden. Nicht zu früh freuen, noch hält die Route ein paar Wellen bereit, dann aber: lauter **schiefe Ebenen**, glücklicherweise bergab. Aber wo ist die eine, berühmte? Die erreicht man kurz vor Neuenmarkt-Wirsberg. Auch so ein Stück Technikgeschichte. Vielleicht zum Abschluss noch ins Dampflokmuseum? «

Geschichtslektion am Wegesrand

Wandgemälde Stadtsteinach

Immer wieder grandiose Ausblicke!

RADELN & GENIEßEN

» START

Bahnhof Kronach

Der Bahnhofsstraße über die Haßlach folgen, dann über Rosenau und das Bamberger Tor in die Innenstadt.

Reichlich zu entdecken …

Kaffee zum Aufwachen

KM 0,5

1 **Bäckerei & Café am Bamberger Tor**

Kaffee am Marktplatz

Das nennt man dann mal einen idealen Standort. Kurz bevor die Kopfsteinpflasterstraße einen steilen Bogen ebenso steil bergab durch das Bamberger Tor macht: ein Café. Da kann man nicht Nein sagen! Wenigstens Proviant für die Tour mitnehmen. Oder doch einen Kaffee und einen frühen Frühstückskuchen. Wie auch immer, mit einem kleinen Stopp bei dem Bäckerei-Café am Bamberger Tor lässt sich die Radtour gleich entspannter an, vor allen Dingen, wenn man einen Platz draußen ergattert. Letzter Blick auf Kronach, auf die Ehrensäule, die an die erfolgreiche Verteidigung der Stadt gegen die Schweden im Dreißigjährigen Krieg erinnert, und dann sollte es doch langsam losgehen! Amtsgerichtsstraße 1, Kronach.

Durch das Bamberger Tor ins Tal zum Landesgartenschau-Park.

... auf dem Weg raus aus Kronach

KM 15

3 Hofladen Schuberth

Regionale Spezialitäten probieren

Es hügelt ja ziemlich auf dieser Tour. Da lechzt man schnell nach einer Pause und Verpflegung. Einkehrmöglichkeiten gibt es kaum zwischen Kronach und Stadtsteinach, das blumenumrankte Hinweisschild zum Hofladen Schuberth kommt da gerade recht. Ein Hofladen, wie man ihn sich wünscht, freundlich und zuvorkommend, mit allem, was die Region zu bieten hat, vor allem leckere Wurst- und Fleischwaren. Danach sind Magen und Picknickkorb voll! Achtung: Eingeschränkte Öffnungszeiten, da der Umweg nur geringfügig ist, lohnt auf jeden Fall auch ein Blick jenseits der offziellen Öffnungszeiten. Poppenholz 4, Rugendorf.

Weiter Richtung Stadtsteinach, dort den Wegweisern Richtung Steinachklamm folgen.

KM 1,5

2 Stadtgeschichtspromenade

Geschichte durchradeln

Das ist doch einmal eine geniale Idee. Kronach stellt seine spannende und wechselhafte Stadtgeschichte nicht auf drögen Infotafeln oder im Museum dar, sondern mit verschiedenen Objekten, Kunstwerken und Installationen. An einigen radelt man vorbei und erfährt so spannende Dinge über die Stadt. Kern der im Rahmen der Landesgartenschau von 2002 geschaffenen Promenade sind die vom akademischen Bildhauer Heinrich Schreiber geschaffenen 29 Bronzetafeln, die im Boden eingelassen sind. Also: Augen auf, gelebte und erradelte Geschichte! Einen Podcast gibt es auch.

Der Ausschilderung Richtung Stadtsteinach folgen.

Proviant fassen im Hofladen

Suchtgefahr: Forelle im Bierteig

KM 22,5

5

Waldschänke Steinachtal

Klammheimlich schlemmen

Fast wie ein Hexenhäuschen steht die Waldschänke im engen Steinachtal. Den aufgeräumtesten Eindruck macht der Biergarten nicht, aber genau das macht den Charme aus. Familiär geht es hier zu, eine gute Mischung aus Stammgästen und Radelnden, bei denen eine gute Chance besteht, dass auch sie zu Stammgästen werden. Denn: Die Getränkeauswahl ist enorm, vor allen Dingen, was das Bier angeht, und das Essen außerordentlich lecker, regional, aber dennoch eine gute Abwechslung zur typischen fränkischen Standardkost. Die einzige Gefahr: Dass es hier so gut mundet, dass man magenschwer beschließt, umzudrehen und statt der großen Runde die Abkürzung nach Untersteinach zu nehmen. (facebook.com/Waldschaenke Oberhammer)

Durch die Steinachklamm flussaufwärts, über Wildenstein, Triebenreuth und Wirsberg zur Schiefen Ebene (ausgeschildert).

KM 21

4

Schneidmühle am Hochofen

Alte Technik bestaunen

Mühlen gibt es viele in Oberfranken, die am Beginn des Steinachtales liegende Schneidmühle am Hochofen ist sicherlich eine der schönsten und vor allem eine der wenigen funktionstüchtigen. Erbaut im Jahre 1868, diente sie dazu, aus sogenannten »Blöchern« Balken oder Bretter zu schneiden. »Blöcher« heißen die unbearbeiteten Stämme, die hier unter anderem aus der nahe gelegenen Steinachschlucht stammten, wo bis heute Waldwirtschaft betrieben wird, wie man im weiteren Verlauf der Tour sehen wird. Dass die Mühle heute wieder funktionstüchtig ist, ist Studentinnen, Studenten und Professoren der FH Düsseldorf zu verdanken, die von 1982 an die Säge renovierten. Eine kurze Pause und Besichtigung?

Der Schlucht flussaufwärts folgen.

Alte Schneidmühle

Stammtisch in der Waldschänke

EXTRA INFOS:

Nicht nur für Pufferküsser und Eisenbahnfreaks! Das ● **Deutsche Dampflokmuseum** in Neuenmarkt ist ein perfekter Abschluss der Tour und ein toller Einblick in eine längst vergangene Eisenbahnepoche. (dampflokmuseum.de)

KM 49 » ZIEL

Bahnhof Neuenmarkt-Wirsberg

KM 45

6 Schiefe Ebene

Vor der Technik verneigen

Wie schief ist sie denn nun wirklich? Einmal den Kopf zur Seite neigen. Doch, das ist schon eine gehörige Steigung für eine Eisenbahnstrecke. Zugegeben: Das hat man sich spektakulärer vorgestellt. Wenn man dann aber bedenkt, was der Bau dieser Strecke als Teil der Ludwig-Süd-Nord-Bahn im 19. Jahrhundert bedeutete, kann man sich schon mental verneigen. Hier überwindet eine zweigleisige Rampe auf dem Weg vom Maintal zur Rhein-Elbe-Wasserscheide auf 6,8 Kilometern 157,7 Höhenmeter, mit einer Steigung von bis zu 25 Prozent. Die Strecke war zu Dampflokzeiten eine erhebliche Herausforderung. Viele Züge mussten durch Schiebelokomotiven oder eine zweite vorgespannte Lokomotive verstärkt werden, die im Bahnbetriebswerk in Neuenmarkt stationiert waren. Ein Grund, warum dort heute ein Dampflokmuseum steht.

Dem Wegweiser Bahnhof Neuenmarkt folgen.

Die Schiefe Ebene

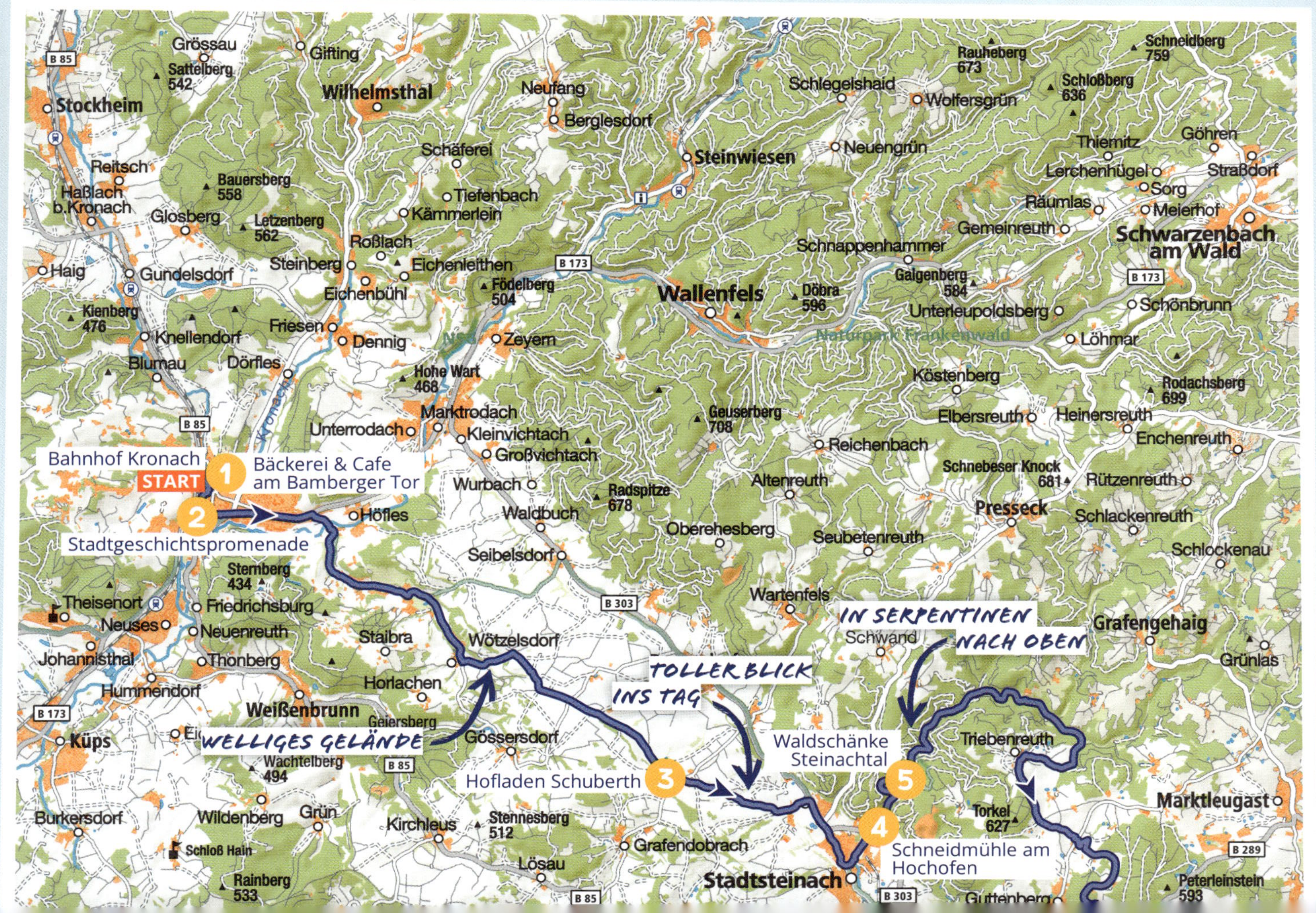
Bahnhof Kronach
START
1
Bäckerei & Cafe am Bamberger Tor
2
Stadtgeschichtspromenade
WELLIGES GELÄNDE
TOLLER BLICK INS TAG
3
Hofladen Schuberth
Waldschänke Steinachtal
5
4
Schneidmühle am Hochofen
IN SERPENTINEN NACH OBEN
Stockheim
Grössau
Sattelberg 542
Gifting
Wilhelmsthal
Neufang
Berglesdorf
Schlegelshaid
Wolfersgrün
Rauheberg 673
Schloßberg 636
Schneidberg 759
Göhren
Thiemitz
Steinwiesen
Neuengrün
Reitsch
Haßlach b.Kronach
Bauersberg 558
Glosberg
Letzenberg 562
Schäferei
Tiefenbach
Kämmerlein
Roßlach
Eichenleithen
Steinberg
Haig
Gundelsdorf
Eichenbühl
Födelberg 504
B 173
Wallenfels
Döbra 596
Schnappenhammer
Galgenberg 584
Unterleupoldsberg
Lerchenhügel
Sorg
Straßdorf
Räumlas
Meierhof
Gemeinreuth
Schwarzenbach am Wald
Schönbrunn
Löhmar
Naturpark Frankenwald
Kienberg 476
Knellendorf
Friesen
Dennig
Zeyern
Blumau
Dörfles
Hohe Wart 468
Kronach
Marktrodach
Unterrodach
Kleinvichtach
Großvichtach
Wurbach
Waldbuch
Radspitze 678
Geuserberg 708
Köstenberg
Rodachsberg 699
Elbersreuth
Heinersreuth
Enchenreuth
Reichenbach
Schnebeser Knock 681
Rützenreuth
Altenreuth
Presseck
Schlackenreuth
Schlockenau
Oberehesberg
Seubetenreuth
Höfles
Seibelsdorf
B 85
B 303
Sternberg 434
Theisenort
Friedrichsburg
Neuses
Neuenreuth
Johannisthal
Thonberg
Staibra
Wötzelsdorf
Wartenfels
Schwand
Grafengehaig
Grünlas
Hummendorf
Horlachen
Weißenbrunn
Geiersberg
Küps
Gössersdorf
Triebenreuth
Wachtelberg 494
Marktleugast
Torkel 627
Burkersdorf
Wildenberg
Grün
Kirchleus
Stennesberg 512
Grafendobrach
Schloß Hain
Lösau
Stadtsteinach
Rainberg 533
Guttenberg
Peterleinstein 593
B 289

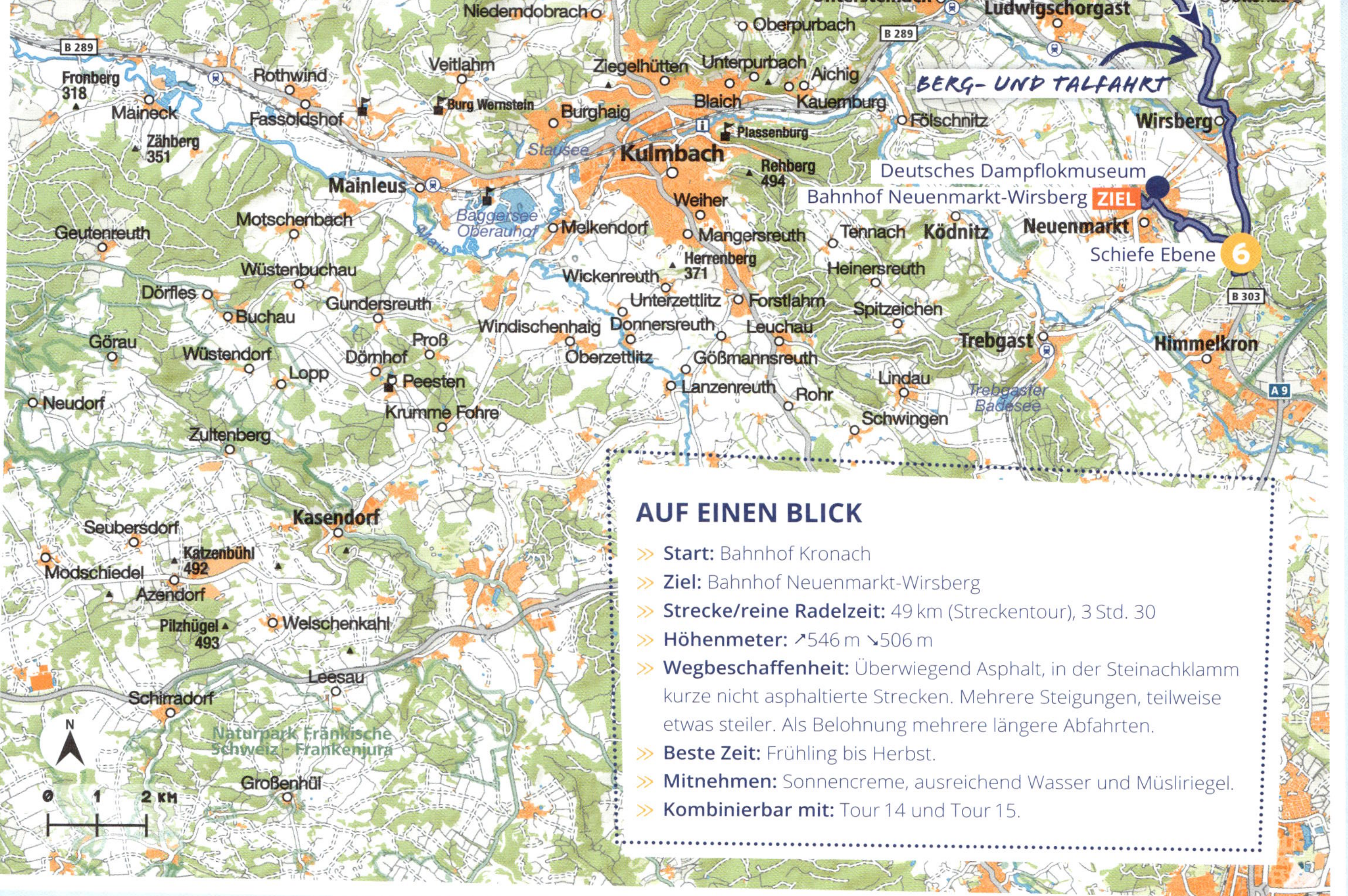

AUF EINEN BLICK

- **Start:** Bahnhof Kronach
- **Ziel:** Bahnhof Neuenmarkt-Wirsberg
- **Strecke/reine Radelzeit:** 49 km (Streckentour), 3 Std. 30
- **Höhenmeter:** ↗546 m ↘506 m
- **Wegbeschaffenheit:** Überwiegend Asphalt, in der Steinachklamm kurze nicht asphaltierte Strecken. Mehrere Steigungen, teilweise etwas steiler. Als Belohnung mehrere längere Abfahrten.
- **Beste Zeit:** Frühling bis Herbst.
- **Mitnehmen:** Sonnencreme, ausreichend Wasser und Müsliriegel.
- **Kombinierbar mit:** Tour 14 und Tour 15.

DIE RADELPAUSEN

» START
Bahnhof Schirnding

KM 4,5
1 Jan-Palach-Turm
Europas Teilung gedenken

KM 9,5
2 Brücke über die Eger
Den Fluss grüßen

KM 13,5
3 Domestizierte Eger
Den Kanal entlangradeln

KM 18
4 Scharfes Eck
Zoigl probieren

17

VON DER EGER ZUR SAALE

Von Schirnding nach Schwarzenbach an der Saale

Zwei der schönsten Flüsse Frankens verbindet diese Tour. Der eine oder andere Höhenmeter ist zu absolvieren, belohnt wird man durch grandiose Aussichten und einen der malerischsten Flussradwege Deutschlands. Zwischendrin lernt man noch alles über die Kartoffel, und am Ende lockt Entenhausen!

KM 30,5

5 Kartoffelerlebnispfad
Die Kartoffel schätzen

KM 32,5

6 Gasthof Alte Wirtschaft
Mittagszeit!

KM 42

7 Erika-Fuchs-Museum
Zu Gast bei Enten

KM 42 » ZIEL
Bahnhof Schwarzenbach

WARM PFEIFT DER WIND …

… über den ausgestorbenen Bahnhof. Schirnding, Grenzbahnhof, während des Kalten Krieges Ende der westlichen Welt. Es rollt gut am Ufer der Röslau, und für einen kurzen Moment ist man versucht, einfach geradeaus bis Cheb und dann weiter nach Franzensbad zu radeln, zur Bade- und Trinkkur.

Hoch steht das Getreide, rechts Gerste, links Weizen. Olfaktorisch geht es auch recht bäuerlich zu. Ein kurzer steiler Anstieg, und schon thront Hohenburg (der Name sagt alles!) majestätisch auf dem Berg mit seiner Stauferburg. Der Zusatz »an der Eger« ist definitiv ein Euphemismus, was uns aber egal sein kann, weil es nun, nach kurzer Rast an der Burg mit Gedenkminute für **Jan Palach**, rasant bergab geht.

NACH RASANTER ABFAHRT IST DIE EGER ERREICHT

Hügelauf, hügelab, im Tal lockt die Eger. Vorher hat ein Witzbold in der Verwaltung aber noch den Radweg versteckt. Ach, da hinterm Haus! Jetzt aber: Was für ein schöner Flussradweg, was für eine hübsche **Brücke**! Mal malerisch, mal schroff. Eichen, Birken, Disteln und Vogelbeeren säumen den Weg. Es grüßt eine eindrucksvolle Fichte. Dichter Farn. Immer wieder Wasserkraftwerke, Kanäle, verlassene Porzellanfabriken. Am **Scharfen Eck** in Thierstein Bier probieren. Kurzer Gruß nach Marktleuthen, Ausstiegsalternative für Fans der Kurzstrecke.

Eine Ahornallee, auch nicht gerade oft gesehen. Aber ein **Kartoffelerlebnispfad**? Höchstens was für Scrabble, oder? Ein Talanstieg, kurz und knackig, versüßt mit Blick auf den Ochsenkopf. Steil nach unten, in Kirchenlamitz wartet das Mittagessen in der **Alten Wirtschaft**.

Danach kurzweilig durch goldgelbe Kornfelder, üppige Wiesen mit Mohn, Sonnenblumen und allerlei Buntem. Ein kurzes Waldstück bergan. Und wieder bergab. Dann wartet in Schwarzenfeld an der Saale Donald Duck mit seinen drei Neffen und allerlei mehr aus dem Disneyuniversum im **Erika-Fuchs-Museum**. Tut-Tut macht danach die Eisenbahn. Ächz, Kopfschüttel: Muss die schöne Tour wirklich schon zu Ende sein? Vielleicht noch ein Stück Saaleradweg? «

Blick auf die Stauferburg

Marktplatz Hohenburg

Aussicht zwischen Eger und Saale

RADELN & GENIEẞEN

»START

Bahnhof Schirnding

Der Ausschilderung nach Hohenburg an der Eger folgen.

KM 4,5

1 **Jan-Palach-Turm**

Europas Teilung gedenken

Hier treffen Schönheit und Traurigkeit aufeinander. Was für ein schöner Blick auf die Burg, was für eine interessante Skulptur und was für eine traurige Geschichte. Am 19. Januar 1969 verbrannte sich der tschechische Student Jan Palach aus Protest gegen den Einmarsch der Sowjetunion in seine Heimat auf dem Wenzelsplatz in Prag selbst. Das Denkmal in Hohenburg, gestaltet vom tschechischen Künstler Vaclav Piala und zum 50. Todestag Palachs hier aufgestellt, erinnert an dieses traurige Ereignis und erinnert zugleich daran, dass der Eiserne Vorhang nur ein paar Kilometer östlich von hier verlief, in Zeiten, in denen Hohenburg Zonenrandgebiet und nicht Mitte Europas war.

Der Beschilderung Egerradweg folgen.

Jan-Palach-Denkmal

KM 9,5

2 **Brücke über die Eger**

Den Fluss grüßen

Da ist viel Vorfreude dabei! Man erahnt die Eger schon seit ein paar Kilometern, verflucht jede kleine Gegensteigung und lässt es dann freudig ins Tal rollen. Und wird keinesfalls enttäuscht. Was für ein schöner Fluss, 305 Kilometer lang, davon nur ein Drittel in Deutschland, allerdings, wie man ohne Problem bereit ist zu glauben, die schönsten. Und man könnte schwören, der Fluss fließe nach Deutschland, nicht ostwärts in die Elbe, so leicht und beschwingt radelt es sich entlang der Eger. Die erste Begegnung: eine kleine Holzbrücke, üppige Vegetation auf beiden Seiten, ein paar Vögel zwitschern, Insekten summen, ansonsten Stille.

Dem Verlauf der Eger flussaufwärts folgen.

Endlich im Egertal!

Am Hirschsprungkanal

KM 18

4 Scharfes Eck
Zoigl probieren

Die nahe Oberpfalz sendet einen Gruß! Der Norden Bayerns ist bekannt und inzwischen in Bierliebhaberkreisen berühmt für eine Bierspezialität, die es nur hier gibt: den Zoigl, ja richtig, mit maskulinem Artikel, ein Bier, unbehandelt und naturtrüb, das traditionell von ausgesuchten Familien einer jeweiligen Gemeinde im sogenannten Kommunbrauhaus gebraut wurde. Aus einem Geheimtipp ist ein Trend geworden, etliche Orte der nördlichen Oberpfalz, vor allem Windischeschenbach und Eslarn, pflegen und hegen die Tradition. Hier hat man die Möglichkeit, das äußerst süffige Bier einmal zu probieren. Scharfes Eck 1, Thierstein.

Dem Fluss bis nach Marktleuthen und dann dem Wegweiser nach Kirchenlamitz folgen.

KM 13,5

3 Domestizierte Eger
Den Kanal entlangradeln

Wenn man heute die wildromantische Eger entlangradelt, kann man kaum glauben, dass sie bis ins 20. Jahrhundert ein intensiv genutzter Fluss war. Vor allem der florierenden Porzellanindustrie diente der Fluss als Stromquelle, wie die Existenz etlicher heute nicht mehr betriebener Mühlen manifestiert, und leider auch zur Entsorgung. Die Zeiten sind lange vorbei, der Fluss ist glasklar. An die Vergangenheit erinnern die vielen Kanäle zwischen Hohenburg und Schwarzenhammer. Besonders gut rollt es entlang des Hirschsprungkanals kurz vor Blumenthal.

Weiter der Eger folgen.

Hier gibt's den Zoigl!

KM 30,5

5

Kartoffelerlebnispfad
Die Kartoffel schätzen

Es gibt kaum etwas Trivialeres als die Kartoffel. »Zur Feier des Tages mache ich mir ein paar Kartoffeln«, das würde wohl kaum jemand sagen. Eine Sättigungsbeilage, weiter nichts, werden die meisten Radler:innen sagen, und schulterzuckend an dem Wegweiser vorbeifahren. Sich umschauen lohnt jedoch! Nach ein paar Metern Kartoffelerlebnispfad zwischen Raumetengrün und Kirchenlamitz sieht man die schnöde Knolle mit anderen Augen. Wer weiß schon, dass 250 Gramm Kartoffeln den halben Tagesbedarf an Vitamin C decken? Und ein Dickmacher ist Deutschlands Lieblingsbeilage auch nicht.

Bergab bis zur Ortsmitte Kirchenlamitz.

Wartsäule am Kartoffellehrpfad

Biergarten Alte Wirtschaft

KM 32,5

Gasthof Alte Wirtschaft
Mittagszeit!

So viel Wissen über die Kartoffel macht hungrig! Rasant geht es bergab nach Kirchenlamitz, und dort, wo man gemächlich ausrollt, steht dankenswerterweise der Gasthof Alte Wirtschaft. Ein Landgasthof wie aus dem Bilderbuch, mit gemütlichen Außenplätzen und einer langen Geschichte. Jahrhundertalte fränkische Wirtshaustradition, mit Liebe und dem gewissen Pfiff gepflegt und ausgebaut. Falls die Mittagszeit schon vorbei ist: Es gibt auch Kaffee und selbst gebackenen Kuchen! Rad abstellen und genießen! (alte-wirtschaft.de)

Dem ausgeschilderten Radweg nach Schwarzenbach folgen.

KM 42

7 Erika-Fuchs-Museum
Zu Gast bei Enten

Hier kommen große und kleine Donaldisten auf ihre Kosten. Das Erika-Fuchs-Haus, Museum für Comic und Sprachkunst in Schwarzenbach, ehrt die berühmteste Einwohnerin des Ortes, gefeierte kongeniale Übersetzerin der Donald-Duck-Comics, die es vor allen Dingen schaffte, die Genialität von Carl Barks ins Deutsche zu bringen und die wesentlich zum Erfolg der Disneycomics in Deutschland beigetragen hat. Ein Museum zu Anfassen und Mitmachen, auf jeden Fall ein Spaß für alte und junge Radelnde! (erika-fuchs.de)

Dem Radwegweiser zum Bahnhof folgen.

EXTRA INFOS:

Was wäre eine Tour durch das ehemalige deutsche Zentrum der Porzellanherstellung ohne einen genauen Blick? Diesen bietet das ● **Porzellanikon** in Hohenberg an der Eger. (porzellanikon.org)

KM 42 » ZIEL

Bahnhof Schwarzenbach

HIER GIBT'S ENTE!

Vor dem Erika-Fuchs-Museum

7 Erika-Fuchs-Museum
ZIEL Bahnhof Schwarzenbach
6 Gasthof Alte Wirtschaft
5 Kartoffelerlebnispfad
SCHÖNE ORTSEINFAHRT MIT GRAFFITI
Schwarzenbach an der Saale
Kirchenlamitz
Marktleuthen
Weißenstadt
Röslau
Weißdorf
Sparneck
Oberpferdt
Fattigau
Schwingen
Fletschenreuth
Gottfriedsreuth
Höferberg 593
Stobersreuth
Stobersberg 551
Seulbitz
Förbau
Baumersreuth
Martinlamitz
Nonnenwald
Uprode 603
Saale
B 289
Bärlas
Völkenreuth
Burgruine Hallerstein
Hallerstein
Förmitz
Degenreuth
Fohrenreuth
Pilgramsreuth
Petersberg 610
Schödelsberg 553
Hauknock 691
Steinhölle 720
Großer Kornberg 826
Kleiner Kornberg 678
Birkenbühl 660
Wellersberg 635
Spielberg
Niederlamitz
Benker-Berg 609
Schnittlein 747
Hoher Stein 857
Bergkopf 857
Burgruine Epprechtstein
Hohenbuch
Großwendern
Großschloppen
Raumetengrün
Leuthenforst
Großer Waldstein 877
Lehstenberg 768
Reicholdsgrün
Neumühle
Galgenberg 586
Bibersberg 593
Hebanz
Habnith
Buchberg 674
Neudorfer Fels 639
Dürnberg
Neudes
Holzmühl
Ruppertsgrün
Voitsumra
Franken
Eger
Thusmühle
Mallerberg 631
Grün
Rauschensteig
Meierhof
Brücklas
Bibersbach
Burgstall Schlosshügel
Sinatengrün
N
0 1 2 KM

AUF EINEN BLICK

- **Start:** Bahnhof Schirnding
- **Ziel:** Bahnhof Schwarzenbach
- **Strecke/reine Radelzeit:** 42 km (Streckentour), 3 Std.
- **Höhenmeter:** ↗400 m ↘359 m
- **Wegbeschaffenheit:** Überwiegend Asphalt, an der Eger teilweise Waldweg, aber gut zu fahren. Knackige, aber kurze Steigung nach Hohenberg, noch einmal ein paar Höhenmeter zwischen Kirchenlamitz und Schwarzenbach.
- **Beste Zeit:** Frühling bis Herbst.
- **Mitnehmen:** Sonnencreme, ausreichend Wasser und Humor.

DIE RADELPAUSEN

» START

1 Bahnhof Hof
Prunk und Geschichte

KM 11,5

2 Windpark an der A93
Hier kommt die Energie!

KM 23,5

3 Drei-Freistaaten-Eck
Rast am Dreieck

KM 28

4 Grenzmuseum Mödlareuth
Klein-Berlin

18 GRENZ-ERFAHRUNG

Ein Runde von Hof an die innerdeutsche Grenze

Ganz viel Natur und noch mehr Geschichte. Ein paar Höhenmeter gibt es auch, dafür wird man mit wunderbarer Fernsicht belohnt. Und Hof mit seiner schmucken Altstadt und seinen kulinarischen Verlockungen von Wärschtlamo bis Schlappenbier – vor allem flüssiger Natur – ist der perfekte Start- und Zielort.

KM 36
5 Landgasthof Fattigsmühle
Im Schatten der alten Mühle

KM 38
6 Saalebrücke A72
Dem Ingenieur …

KM 44
7 Meinels Bas
Balsam für den Magen

KM 46 » ZIEL
Bahnhof Hof

DIREKT EINE SCHUSSFAHRT BERGAB

Da vergisst man fast, einen Blick auf den prunkvollen **Königssaal des Bahnhofs** zu werfen. Am Ende der Schussfahrt: der Saaleradweg, der uns heute noch öfter begleitet. Am Uferweg wachsen Heckenrosen, Weiden und Erlen. Achtung: Kopf einziehen! Manche Brücke ist nichts für Sitzriesen. Kaum drin in Hof, schon wieder draußen. Pferde weiden auf der Koppel. Ein Stück am Bahndamm entlang, ein wenig Schotterweg, von Hafer umschlossen. In Freilitz nur nicht der Radmarkierung folgen, es sei denn, man will sinnlose Höhenmeter sammeln. Rechts steil den Berg hoch? Nein, links an den **Windrädern** vorbei eine sanfte Steigung.

MIT DER SAALE IST AUCH DER BIERGARTEN DES LANDGASTHOFS FATTIGSMÜHLE ERREICHT

Es brummt und röhrt die A72, an ihren Flanken ein riesiges Solarzellenfeld. Ein paar Meter entlang der Autobahn, und dann der süßliche Duft von Jauche. Aber auch viel Frischluft! Und Betonplatten mit ganz vielen Löchern. Ist das der berühmt-berüchtigte Kolonnenweg? Ein Blick auf die Karte: Ja, hier verlief die innerdeutsche Grenze. Transitstreckenfeeling. Ba-dam, ba-dam klingen die Räder auf der Platte Ost. Willkommen in Sachsen. Und Thüringen. Und dann wieder in Bayern, pardon, Franken. Vom **Dreiländereck** mit Rastplatz und Windradblick über die Kuppe, und dann Schuss bergab nach Mödlareuth.

Einmal durch die **Grenzanlagen** radeln, von Ost nach West. Oder umgekehrt? Vielleicht noch ein Blick in das Museum? Hinter Mödlareuth grüßt steil die Straße, der Radweg zweigt glücklicherweise rechts ab. Eine schöne Waldstrecke nach Töpen. Mangels Alternative Kaffeestopp am Ökosupermarkt. Und dann im schönen Bogen zurück nach Hof.

An der Saale dann doch noch eine Einkehrmöglichkeit, eine alte **Mühle mit lauschigem Biergarten**. Leider postpandemische Öffnungszeiten. Noch ein Gruß an die **historische Autobahnbrücke** und dann ist wieder Hof erreicht. Der Biergarten **Meinels Bas** kennt glücklicherweise keine Ruhetage. «

Notration am Bioladen

Saaleradweg in Hof

Blick ins Saaletal

RADELN & GENIEßEN

» START

1 Bahnhof Hof
Prunk und Geschichte

Von außen wirkt der Hofer Bahnhof wie viele andere bayrische Stationen, das typische Neorenaissancegebäude der Gründerzeit. Reisende müssen schon etwas genauer hinsehen und den Buchladen und die Heißtheke im Wartesaal in Gedanken ausblenden. Dann gehen einem aber vor lauter Prunk die Augen über. Hof war der wichtigste Grenzbahnhof zwischen Bayern und Sachsen, hier trafen sich zuweilen auch die jeweiligen Könige – im ehemaligen Königssaal, der heute als Wartesaal eine etwas vernachlässigte Existenz fristet. Es lohnt sich trotzdem, ein wenig zu verweilen und den Blick schweifen zu lassen über die kunstvoll gestalteten Säulen und die mit Liebe zum Detail gestaltete Decke. Wem das alles nichts ist, der kann sich an die jüngere deutsche Geschichte erinnern lassen. In Hof kamen 1989 die Botschaftsflüchtlinge aus Prag an – eine kleine Kunstinstallation unweit des Bahnhofs erinnert daran.

Schuss bergab zur Saale!

Am Bahnhof Hof

KM 11,5

2 Windpark an der A93
Hier kommt die Energie!

Zu Windrädern, vor allem zu ihrer Ästhetik, kann man ja geteilter Meinung sein. Was hier gut 15 Kilometer hinter Hof steht, ist allerdings schon eindrucksvoll. Da wächst nicht nur ein gutes Dutzend Windräder in den Himmel, am Hang breitet sich zusätzlich noch ein riesiges Solarfeld aus. Das sieht nicht nur spektakulär aus, es ist in dieser Massierung auch genau so gewollt. Hof hat sich auf die Fahnen geschrieben, als erste bayrische Stadt energieautark zu werden. So geht Energiewende! Schade nur, dass die Solarzellen nicht auch über die A93 gebaut wurden – das würde den Lärmpegel deutlich reduzieren. Im Vergleich zu den Verbrennern auf der Autobahn flüstert das Flappen der Windräder förmlich. Drehen sie sich, freuen sich auch die Radelnden – Rückenwind!

Zur A72, diese unterqueren und dann dem einzig möglichen Weg folgen.

Windpark an der A93

KM 23,5

3 Drei-Freistaaten-Eck
Rast am Dreieck

Hier treffen sich Bayern, Sachsen und Thüringen

Stilvollerweise sollte der Proviant jeweils eine Spezialität aus Bayern, Sachsen und Thüringen beinhalten. Dann kann man das Rad nach Bayern stellen, den einen Fuß nach Sachsen und den anderen nach Thüringen strecken und der jeweiligen kulinarischen Tradition frönen. Wie auch immer, hier treffen drei Bundesländer, pardon: Freistaaten, aufeinander, symbolisiert durch ein gepflastertes Dreieck und den sogenannten Dreifreistaatenstein in der Mitte. Relativ unspektakulär, stünde da nicht eine schöne Bank, auf der man die Aussicht genießen und eine wohlverdiente Pause machen kann. Denn Achtung: Auf den nächsten 15 Kilometern gibt es keine Verpflegungsstation mehr.

Der Ausschilderung nach Mödlareuth folgen.

KM 28

4 Grenzmuseum Mödlareuth
Klein-Berlin

Gänsefleisch mal absteigen?

Da stehen sie, fast wie aus dem Nichts aufgetaucht, die Anlagen der ehemaligen Grenzbefestigung an der innerdeutschen Grenze. Mödlareuth, heute wie früher aus einem bayrischen und einem thüringischen Teil bestehend, aktuell 16 Einwohner im einen, 24 Einwohner im anderen Dorfteil, war von 1952 bis zur Grenzöffnung 1989 die kleine Schwester Berlins, trennende Mauer inklusive. Heute kann man mit dem Fahrrad durch die (nachgebauten) Sperranlagen radeln, ein kleines Museum arbeitet die Geschichte der Teilung Mödlareuths auf.

Durch die Grenzanlagen, am Ortausgang auf die Straße links, auf halber Anhöhe dem Wegweiser nach Töpen folgen. Vom Supermarkt Denns geht es auf der kleinen Straße Richtung Ort, dann dem Wegweiser Richtung Hof nach.

Landgasthof Fattigsmühle

KM 36

5

Landgasthof Fattigsmühle

Im Schatten der alten Mühle

Mit Schmackes kommt man den Berg hinunter. Kurz vor der Saale empfiehlt sich aber die Vollbremsung in Töpen. Jedenfalls freitags bis sonntags, wenn der Landgasthof Fattigsmühle ab dem frühen Nachmittag geöffnet hat. Da fehlt dann nicht viel zum Glück auf zwei Rädern. Der Biergarten an der alten Mühle ist angenehm schattig, die Getränke je nach Bedarf warm oder kalt, und auch das Essen gibt ordentlich Energie für die Strecke nach Hof. Es geht gleich hinter der Saale erst einmal knackig bergauf. Da kommen fränkische Portionen gerade recht, um Energie zu tanken! (landgasthof-fattigsmuehle.eatbu.com)

Weiter der Radausschilderung »Hof« folgen.

KM 38

6

Saalebrücke A72

Dem Ingenieur …

… ist nichts zu schwör. Im Auto merkt man ja oft gar nicht, welch Wunderwerk der Ingenieurskunst man gerade überquert. Aus Sicht der Pedaleure, von unten aus dem Tal betrachtet, wirkt die Saalebrücke, die über die die Vogtlandautobahn A 72 führt, monumental. Drei große Bögen sind hier aus Natursteinen gemauert und mit Beton ausgegossen. Während der deutschen Teilung nicht genutzt, war die Wiedereröffnung der Saalebrücke im November 1989 und die Reaktivierung der A72 eines der Symbole der deutschen Wiedervereinigung.

Immer der Saale entlang nach Hof.

Vom Tal aus besonders imposant

KM 44

7 Meinels Bas

Balsam für den Magen

Vor allem an Montagen und Dienstagen, wenn die Versorgungslage im nördlichen Zipfel Frankens prekär ist, wirkt Hof wie eine Oase nach der Wüstendurchquerung. Hier hat man dann die Qual der Wahl. Direkt am Saaleradweg ist jedoch das Meinels Bas die logische und vor allem ausgezeichnete Lösung. Ein Biergarten mit Selbstbedienung, ellenlanger Bierauswahl und dem üblichen Biergartenessen, von Bratwurst bis zum Obatzten, der, wie es sich in Franken gehört, als »Gerupfter« auf der Speisekarte steht. (meinels-bas.eu)

Der Ausschilderung zum Bahnhof folgen

EXTRA INFOS:

Hat der Landgasthof Fattigsmühle geschlossen, ist der ● **Biosupermarkt Denns** eine Alternative. Unter der Woche herrscht hier mittags kulinarische Dürre, und der Magen hängt leicht einmal in den Kniekehlen. Da ist es praktisch, dass dennree in Töpen seinen Firmensitz hat und sich ein Aushängeschild von Biosupermarkt gönnt. Da gibt es mittags auch mal warm und auf Wunsch vegetarisch und vegan zu essen, zudem kann man draußen sitzen. Denns, Hofer Straße 12, Töpen.

Es muss nicht immer fränkisch sein! Gleich um die Ecke vom Bahnhof liegt Vietnam, besser gesagt: das ● **Phõ Chanh** mit original vietnamesischer Küche. (facebook.com/PhoChanhHof)

KM 46 » ZIEL

Bahnhof Hof

Zeit für einen stilvollen Absacker

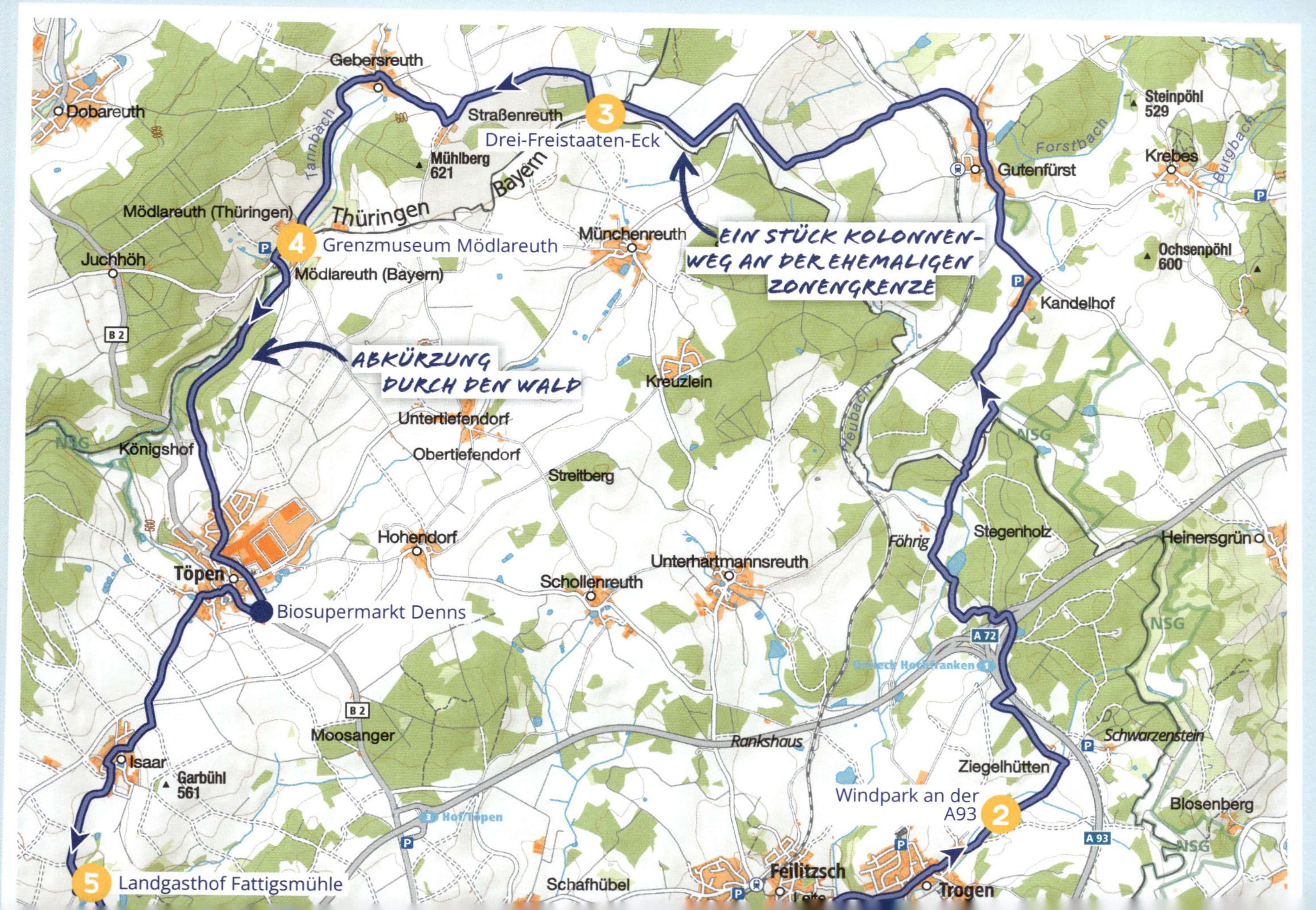
Gebersreuth
Dobareuth
Straßenreuth
3 Drei-Freistaaten-Eck
Mühlberg 621
Bayern
Thüringen
Tannbach
Mödlareuth (Thüringen)
4 Grenzmuseum Mödlareuth
Mödlareuth (Bayern)
Juchhöh
Münchenreuth
Gutenfürst
Forstbach
Steinpöhl 529
Krebes
Burgbach
Ochsenpöhl 600
Kandelhof
EIN STÜCK KOLONNEN-
WEG AN DER EHEMALIGEN
ZONENGRENZE
ABKÜRZUNG
DURCH DEN WALD
B 2
Kreuzlein
Heubach
Untertiefendorf
Obertiefendorf
Königshof
NSG
Streitberg
Stegenholz
Föhrig
Heinersgrün
Hohendorf
Töpen
Schollenreuth
Unterhartmannsreuth
Biosupermarkt Denns
A 72
Moosanger
Rankshaus
Schwarzenstein
Isaar
Garbühl 561
Ziegelhütten
Windpark an der A93
2
Blosenberg
A 93
5 Landgasthof Fattigsmühle
Schafhübel
Feilitzsch
Trogen

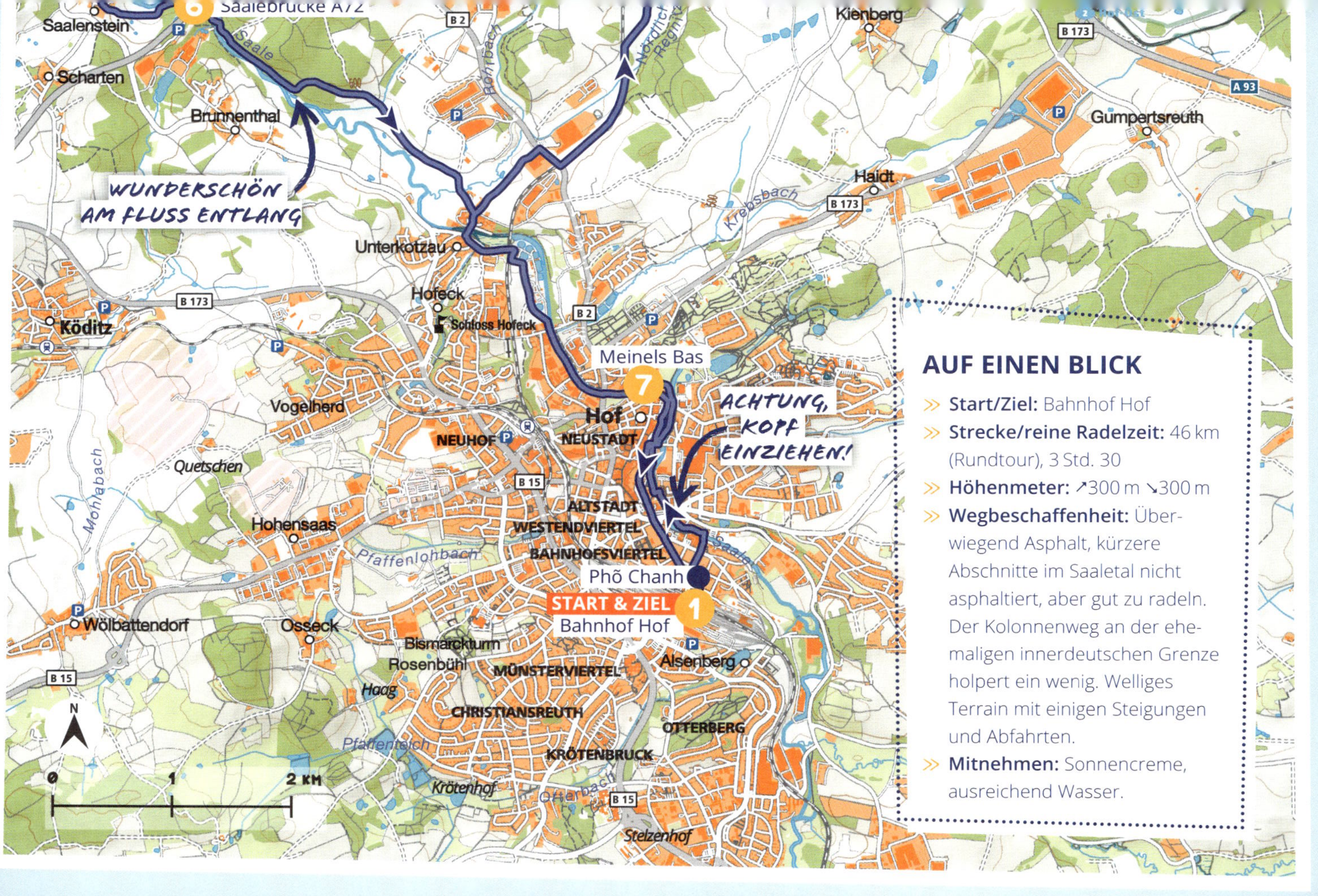

AUF EINEN BLICK

- » **Start/Ziel:** Bahnhof Hof
- » **Strecke/reine Radelzeit:** 46 km (Rundtour), 3 Std. 30
- » **Höhenmeter:** ↗300 m ↘300 m
- » **Wegbeschaffenheit:** Überwiegend Asphalt, kürzere Abschnitte im Saaletal nicht asphaltiert, aber gut zu radeln. Der Kolonnenweg an der ehemaligen innerdeutschen Grenze holpert ein wenig. Welliges Terrain mit einigen Steigungen und Abfahrten.
- » **Mitnehmen:** Sonnencreme, ausreichend Wasser.

DIE RADELPAUSEN
» START
Bahnhof Bayreuth
KM 0,5
1
Walk of Wagner
Gruß von Wagner
KM 1
2
Grüner Hügel
Kurze Rast
KM 11
3
Restaurant gössini
Mit Aussicht verschnaufen

19 AUF WAGNERS SPUREN

Auf dem Radring Bayreuth Ost

Eine Tour im Zeichen von Richard Wagner, der uns gleich zu Anfang begrüßt. Aber Bayreuth hat weitaus mehr zu bieten als Wagner allein. Ein paar Minuten Radeln, und schon ist man mitten in der grünen Natur, dann an der Eremitage und kurz darauf im tiefen Wald.

Café Orangerie

Spaziergang mit Endbohne

KM 30,5

Opera Wein Art

Mal was anderes essen

KM 22,5

Biergarten Schlehenberg

Tief im Wald

KM 31,5 » ZIEL

Bahnhof Bayreuth

GRUSS VON WAGNER, RAST AM GRÜNEN HÜGEL

Nach dem »**Walk of Wagner**« wird aus dem **Grünen Hügel** ein grüner, dunkler Wald. Tannhäuser im tiefen Märchenwald, liegt es stimmig auf den Lippen. Nur zum Singen fehlt die Luft. Nur noch ein Stückchen bergauf, dann geht es aber eben bis bergab die Hohe Warte entlang. Noch mehr Wald, und immer wieder grüßt die Jakobsmuschel. Bayreuth zieht anscheinend nicht nur Wagner-Pilger an. Eichhörnchen turnen die Bäume hoch und wieder runter.

Danach wieder Zivilisation pur. Sieh an, auch Bindlach hat ein Gewerbegebiet! Aber auch einen lauschigen Radweg durch eine Lindenallee. Dann führt der Radweg jedoch durch die grünen Auen des Roten Mains. Der Zusammenfluss mit der Steinach lässt sich nur erahnen, der erhoffte Blick auf die Eremitage von oben ist mit Bäumen verdeckt. Nun gut, kleiner Umweg und Kaffeepause am Golfplatz im **gössini.** Oder doch in der Eremitage im **Café Orangerie** das Warten auf die Wasserspiele versüßen? Nach der Eremitage zieht sich die Stadt wieder respektvoll zurück, und es wird einsam.

Vom Roten Main führt der Radweg über einen Hügel zum, genau, Roten Main. Ein Flussradweg wäre nett gewesen – aber die Aussicht auf die Stadt ist toll! Mit Flussradwegen haben sie es aber nicht so in und um Bayreuth. Also noch einmal weg vom Main, frische Waldluft pfeift durch die Lunge.

Dann aber: Schussfahrt Richtung Bayreuth! Vorher noch Pause im **Biergarten Schlehenberg**, der da fast an einem vorbeigeflogen wäre. Danach weiter bergab, die Stadt kommt immer näher, der Verkehr auch. Lieber in Richtung Innenstadt abbiegen, da radelt es sich äußerst angenehm. Noch ein paarmal Wagner grüßen, Fotostopp an der historischen Oper, heute ein Museum. Und direkt gegenüber **Opera Wein Art**, ein toller Platz, um sich hinzusetzen, das Bayreuther Leben an sich vorbeiziehen zu lassen und einmal etwas anderes als fränkisch zu essen und Bier gegen Wein zu tauschen. «

EINFACH MAL LAUFEN LASSEN: PER SCHUSSFAHRT GEHT'S ZURÜCK NACH BAYREUTH

Zuweilen rumpelt es ein wenig

Chinoiserie in der Eremitage

Flossis von Rosalie am IHK-Bildungszentrum

RADELN & GENIEßEN

» START

Bahnhof Bayreuth

Am Haupteingang rechts auf die Bahnhofsstraße.

Der Maestro grüßt am Walk of Wagner

KM 0,5

1 Walk of Wagner

Gruß von Wagner

An Wagner scheiden sich ja die Geister, das soll auf der Tour aber kein Thema sein. Hier, beim Anblick der comichaften Wagnerfiguren, die den »Walk of Wagner« begleiten, ist der gute Mann einem aber auf jeden Fall sympathisch, auch wenn Wagner-Aficionados das schon fast als Gotteslästerung empfinden werden. Der Walk of Wagner führt jedenfalls einmal quer durch das Stadtgebiet und erzählt die Nebenrollen, die Anekdoten im Leben Wagners. Das ist so nett gemacht, dass man fast versucht ist, alle Wagnerchen abzuradeln. Das wäre allerdings schade um die heutige schöne Rundtour!

Rauf auf den Grünen Hügel.

Am Grünen Hügel

KM 11

3 Restaurant gössini

Mit Aussicht verschnaufen

Dem Ring folgen oder doch über die Eremitage abkürzen. Ach, die Aussicht ist die kleine Steigung wert, auch wenn man die Eremitage nicht von oben sieht. Für die vielen Höhenmeter muss man sich aber definitiv belohnen, und da kommt das gössini, mit der schönen Unterzeile »fränkisch al dente« gerade recht. Ausgezeichnetes Essen, dafür verzeiht man auch das Wortspiel »göstlich«, obwohl das natürlich original fränkisch ist. Gommt ja auch hin! Auch für eine kurze Kaffeepause ideal. (gössini.de)

Weiter der Ausschilderung Radring Bayreuth folgen und im Tal Richtung Eremitage abbiegen.

KM 1

2 Grüner Hügel

Kurze Rast

Kurz und knackig geht es auf den Grünen Hügel hoch, der sich in der Regel ja nicht darum scheren muss, wie steil die Straße ist, da die meisten Besucher ja automobil gefahren werden. Wie auch immer, auf zwei Rädern ist das schweißtreibend, ein Konzertbesuch wäre jetzt nicht opportun. Muss ja auch nicht sein (vielleicht am Abend?), die gute Nachricht ist, dass erst einmal fast die gesamte Höhe innerhalb kürzester Zeit gewonnen wurde. Zeit für eine kurze Rast und den Blick auf die Stadt.

Nicht der Ausschilderung folgen, sondern ein kleines Stück weiter den Hügel hinauf, am Klinikum Hohe Warte vorbei.

Hier geht's zum Essen!

Von hier geht's nur noch bergab

KM 22,5

5 **Biergarten Schlehenberg**

Tief im Wald

Das hat es nun aber auch gebraucht! Der Waldweg ist zwar nicht ganz so dramatisch wie bei Wagner, hat es aber auf dem letzten Stück in sich. Wunderschön geht es durch den Wald, weg vom Main und dann wieder Richtung Main, aber eben doch den einen oder anderen Höhenmeter nach oben. Dann Schuss nach unten – und Vollbremsung! Der Biergarten Schlehenberg sieht äußerst einladend aus und ist es auch. Bis Bayreuth ist es nicht mehr weit, es geht fast nur noch bergab, da kann man auch einmal die müden Tretkurbelbeine baumeln lassen. Schlehenbergstraße 51, Bayreuth.

Dem Ring folgen und in der Innenstadt Richtung Alte Oper abbiegen.

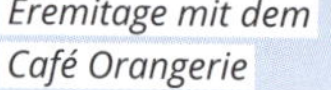

KM 15,5

4 **Café Orangerie**

Spaziergang mit Endbohne

Der Fahrradparkplatz ist weit weg, und Schieben ist keine Schande! Das Rad bitte irgendwo abstellen, wo es nicht im Weg steht, und sich dann erst einmal die Zeit und Muße gönnen, in Ruhe durch den Park zu schlendern. Den Spaziergang aber nicht übertreiben, es warten noch ein paar zwar wunderschöne, aber doch sehr reale Höhenmeter auf dem Radring Bayreuth! Vielleicht noch einen Kaffee direkt im Neuen Schloss an der Oberen Grotte, also an den Wasserfontänen. Nach der Koffeinspritze (und hoffentlich den Wasserspielen) ist dann auch wieder Energie im Körper! (orangerie-eremitage.de)

Immer der Ausschilderung Radring Bayreuth folgen.

Eremitage mit dem Café Orangerie

KM 30,5

6 Opera Wein Art

Mal was anderes essen

Erst einmal: Die Lage ist einzigartig, direkt gegenüber dem alten Opernhaus. Hier erwartet man eigentlich ein fränkisches Traditionshaus, ist dann aber auch nicht enttäuscht, dass hier eine italienisch orientierte Weinstube steht. Selbst eingefleischte Franken brauchen mal was anderes, und das wird hier definitiv geboten. Alles, was die italienische Küche hergibt (keine Pizza!) und eine exquisite Weinkarte. Zum Abschluss der Bayreuther Runde ein Stück Italien. Warum nicht! (operaweinart.de)

Am Mühlkanal entlang, über den Luitpoldplatz auf die Bahnhofsstraße.

EXTRA INFOS:

Falls es doch typisch fränkisch sein soll: Das ● **Manns Bräu** ist eine absolute Institution, braut das Bier selbst (schon mal Kräusenbier probiert?) und ist schlicht und einfach ein gemütlicher Ort, um die Tour ausklingen zu lassen. (mannsbraeu.de)

KM 31,5 » ZIEL

Bahnhof Bayreuth

Zum Abschluss ein Hauch Italien

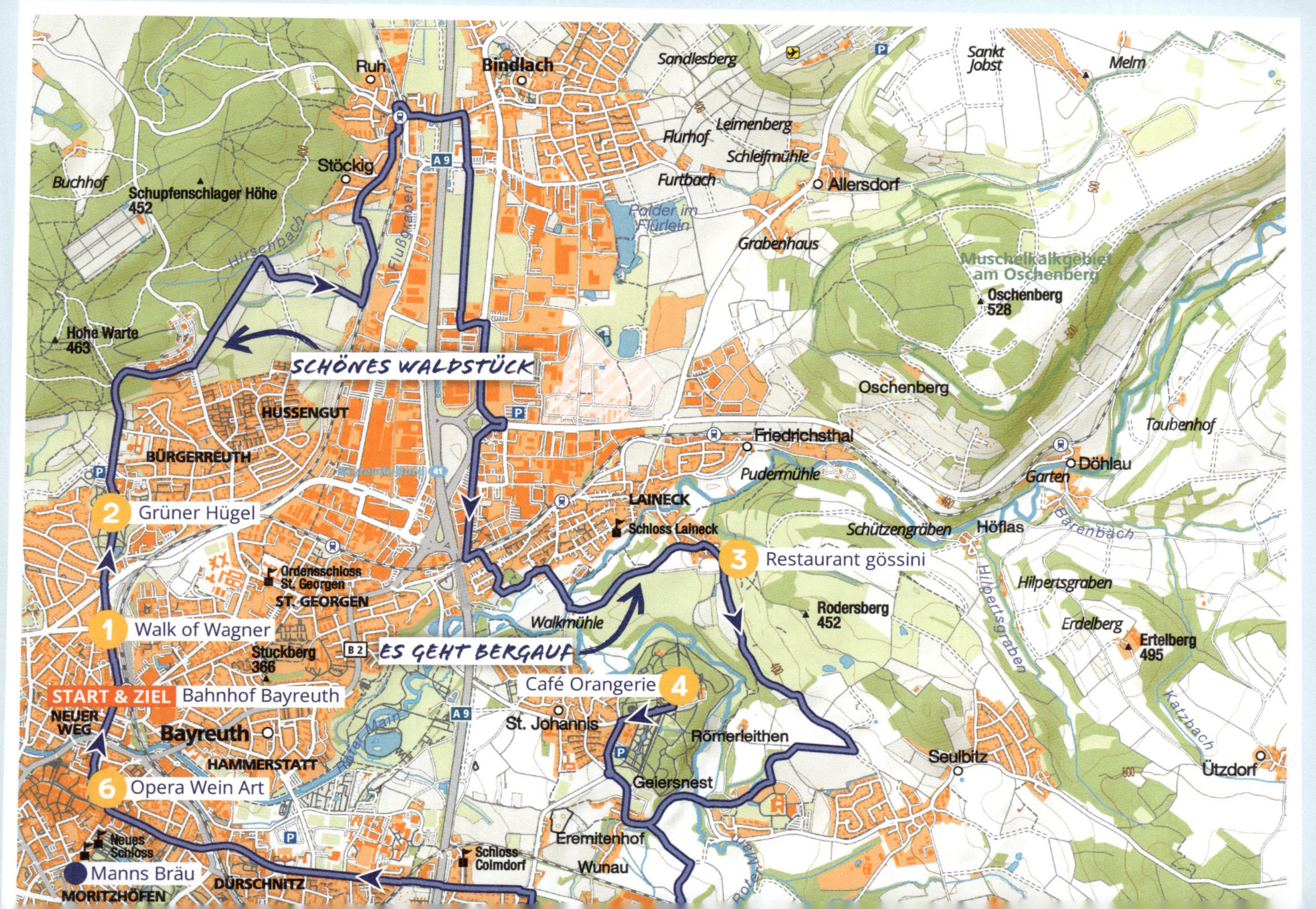

START & ZIEL Bahnhof Bayreuth
1 Walk of Wagner
2 Grüner Hügel
3 Restaurant gössini
4 Café Orangerie
6 Opera Wein Art
Manns Bräu
SCHÖNES WALDSTÜCK
ES GEHT BERGAUF
Bayreuth
Bindlach
Ruh
Stöckig
Buchhof
Schupfenschlager Höhe 452
Hohe Warte 463
Hirschbach
Flußgraben
HUSSENGUT
BÜRGERREUTH
Ordensschloss St. Georgen
ST. GEORGEN
Stuckberg 366
NEUER WEG
HAMMERSTATT
Neues Schloss
MORITZHÖFEN
DÜRSCHNITZ
Schloss Colmdorf
Roter Main
Sandlesberg
Leimenberg
Flurhof
Schleifmühle
Furtbach
Allersdorf
Polder im Flürlein
Grabenhaus
Sankt Jobst
Melm
Muschelkalkgebiet am Oschenberg
Oschenberg 528
Oschenberg
Friedrichsthal
Pudermühle
LAINECK
Schloss Laineck
Taubenhof
Döhlau
Garten
Schützengräben
Höflas
Bärenbach
Hilpertsgraben
Erdelberg
Ertelberg 495
Rodersberg 452
Walkmühle
St. Johannis
Römerleithen
Geiersnest
Eremitenhof
Wunau
Seulbitz
Ützdorf
Katzbach
A 9
B 2

AUF EINEN BLICK

- **Start/Ziel:** Bahnhof Bayreuth
- **Strecke/reine Radelzeit:** 31,5 km (Rundtour), 2 Std. 30
- **Höhenmeter:** ↗315 m ↘315 m
- **Wegbeschaffenheit:** Überwiegend Asphalt, auf dem Waldstück vom Main hinauf und wieder hinunter nach Bayreuth Waldweg, da kann es ab und zu ein wenig holprig werden. Mehrere Steigungen, teilweise etwas steiler. Als Belohnung mehrere längere Abfahrten.
- **Beste Zeit:** Frühling bis Herbst.
- **Mitnehmen:** Sonnencreme, ausreichend Wasser.
- **Kombinierbar mit:** Tour 20.

DIE RADELPAUSEN

» START
Bahnhof Bayreuth

KM 1
1 Mainkanal
Entspannt am Main

KM 5,5
2 Mühle Heinersreuth
Es klappert die Mühle

KM 12
3 Wirtshaus Redemann
Urtypisches Franken

20 DER BAYREUTHER RING

Rundtour um die Festspielstadt

Bayreuth ohne Wagner? Geht, aber ein wenig Ring muss es dann doch sein. Der Bayreuther Ring führt weitgehend autofrei um die Stadt, besonders schön und abwechslungsreich ist es im Westen. Urfränkische Wirtschaften, eindrucksvolle Schlösser und trutzige Wehrkirchen mit Streuobstwiesen.

WARUM IST ES AM MAIN SO SCHÖN?

Weil man aus Bayreuth hinaus kilometerweit autofrei durch grüne Auen radelt, der Rote Main ein munteres **Kanalgewässer**. Gut, ein wenig Gewerbegebiet ist auch, aber auch eine **historische Mühle**, die allerdings nichts mehr mahlt. Kurz hinter der Mühle ist es dann Schluss mit Flussradeln. Schade eigentlich, aber wir wollen ja dem Bayreuther Ring – Fahrrad, nicht Wagner – folgen, und der sieht jetzt erst einmal ein paar Höhenmeter vor.

Ach, da schau an, es gibt in Bayreuth nicht nur einen Grünen, sondern auch einen Roten Hügel! Dieser hat seinen Namen allerdings vom roten Ton, der in den nahe gelegenen Ziegeleien verarbeitet wird. Wie auch immer, erst einmal sind wir oben. Zumindest vorerst. Zeit und Muße, eine Pause zu machen. Die gibt es in Oberpreuschwitz beim urfränkischem **Wirtshaus Redemann**. Zum Verdauen noch ein wenig ebenes Gelände und eine lange Abfahrt nach Mistelbach. Auf dem Weg aber noch ein kurzweiliger Stopp am **Schloss Fantaisie** mit dem weitläufigen Park, für Radfahrer leider off limits. Dann eben außen rum, ist spektakulär genug, das Salamandertal.

KEINESFALLS VERPASSEN: HOCH ZUR WEHRKIRCHE ST. MARIEN UND DANN DIE AUSSICHT GENIESSEN

Was für ein Monstrum, der Örtelfelsen, der sich da einer Schildkröte gleich auftürmt, und was für ein schöner, schattiger und landschaftlich reizvoller Radweg! Den Talmühlbach entlang, immer wieder kurze Waldabschnitte, erstaunlich, dass sich die Stadt nicht schon längst in die Umgebung gefressen hat.

Abkürzung nach Bayreuth? Aber nicht doch, es wartet mit der **Wehrkirche St. Marien** noch ein echtes Highlight auf die Radler:innen. Ja, eine Wehrkirche steht meist auf einer Anhöhe, die paar Höhenmeter ist das aber auf jeden Fall wert. Auf dem Weg dorthin – schieben ist keine Schande – erfahren Interessierte eine Menge über die dort wachsenden alten Obstsorten. Ein Blick vom Kirchhof auf Bayreuth, dann geht es nur noch ein klitzekleines Stück den Berg hoch, und endgültig in der Folge nur noch bergab bis in die Innenstadt, wo es beim **Gasthaus Wolffenzacher** kulinarisch wird. Wagners Ring ist auf jeden Fall anstrengender! «

Gotisches Fresko in der Kirchenburg St. Marien

Ein Hauch Südostasien? Haustür am Wegesrand

Blick Richtung Bayreuth

RADELN & GENIEẞEN

Am Mainkanal

»START
Bahnhof Bayreuth

Vom Bahnhof zum Roten Main, diesem folgen.

KM 1

1 Mainkanal

Entspannt am Main

Vom Bahnhof bis in die Innenstadt zu kommen, ist radfahrerisch eine harte Übung. Viel Verkehr und verwirrende Radverkehrsführung. Dann aber beginnt der reinste Genuss! Wenn die Strecke entlang des Roten Mains auch nicht lange dauert, man entspannt förmlich, lässt das Rad rollen und freut sich auf die Tour. Der hier in einen Kanal eingefasste Fluss ist der Rote Main, der längere der beiden Quellflüsse. Theoretisch könnte man diesem Weg immer am Fluss entlang bis nach Kulmbach und zum Zusammenfluss mit dem Weißen Main folgen. Beim nächsten Besuch, heute haben wir ja den Ring vor!

Am Fluss entlang bis Heinersreuth.

KM 5,5

2 Mühle Heinersreuth

Es klappert die Mühle

Das wird wohl ziemlich laut gewesen sein, in alten Zeiten, als das Maintal noch voller Mühlen war. Noch heute existieren 20 Mühlen entlang des Roten Mains, in unterschiedlichem Zustand, aber immer einen Blick wert. Die Geschichte der historischen Mühle Heinersreuth geht bis ins 14. Jahrhundert zurück, sie ist immerhin seit 1708 im Besitz der gleichen Familie. Hier wurde Korn gemahlen, Holz gesägt und seit 1920 versorgt die Mühle das gesamte Dorf mit Strom. Eindrucksvoll und auf jeden Fall einen kurzen Stopp wert!

Bis Hahnenhof dem Flussradweg folgen, dann dem Radring Bayreuth nach Westen.

Franken pur

KM 12

3 Wirtshaus Redemann

Urtypisches Franken

Es ist ein bisschen wie bei den Eagles, »Hotel California«: Das könnte die Hölle und auch der Himmel sein. Von außen macht das Wirtshaus Redemann nicht viel her. Aber wer braucht den schönen Schein, wenn die Substanz stimmt! Ein typisch fränkischer Landgasthof, nicht mehr und nicht weniger. In Zeiten, in denen viele Landgasthöfe, gerade in Franken, die Türen für immer schließen, ein Glücksfall. Also: Absteigen und unterstützen, belohnt wird man mit bodenständigem, äußerst leckerem fränkischem Essen, kann aber auch nur etwas trinken, wenn man noch keinen großen Hunger hat. Was will man mehr? (facebook.com/redemann.oberpreuschwitz)

Weiter auf dem ausgeschilderten Radring Bayreuth Richtung Schloss Fantaisie in Donndorf.

Mühle Heinersreuth

Radeln im Park leider verboten

KM 14,5

Schlosspark Fantaisie
Rast am Schloss

Hier haben es die Kolleg:innen mit den Mountainbikes wohl ein wenig zu arg getrieben. Seitdem ist der Park des Schlosses Fantaisie für Fahrräder streng verboten. Das ist schade, aber verständlich. Doch zu Fuß erschließt man sich den großzügig angelegten Schlosspark sowieso besser. Mit dem Schloss hat sich das Markgrafenpaar Friedrich und Wilhelmine von Brandenburg-Bayreuth eine weitere Sommerresidenz gegönnt und Spaziergänger:innen heute erwartet ein ziemlich interessanter Stilmix aus Rokoko, Empfindsamkeit, Romantik und Historismus. Grund genug, hier das erste deutsche Gartenbaumuseum einzurichten. Ein Café gibt es auch: Café Schloss Fantaisie, montags Ruhetag.

Weiter auf dem Radring, hier aber die erweiterte Version Richtung Mistelbach wählen.

KM 22

Wehrkirche St. Marien
Streuobst entdecken

Eigentlich ist man ja wegen der Wehrkirche St. Marien hierhergekommen. Diese ist tatsächlich ein besonders schönes Exemplar. Bereits in vorchristlich-slawischer Zeit befand sich hier auf der Anhöhe eine Kultstätte, erste Marienwallfahrten lassen sich für das 11. Jahrhundert nachweisen. Ganz so alt sind die Streuobstbäume am Hang nicht. Aber 200 Jahre sind für einen Birnbaum schon ein ziemliches Brett. Nicht nur Interessantes über die Kleine Pfalzgräfin – das ist die alte Dame unter den Birnen – erfahren neugierige Radelnde, sondern auch viel neues Wissen über die Pflege und Nutzung von Streuobstwiesen.

Endlich bergab! Weiter dem Bayreuther Ring folgen und in der Innenstadt Richtung Altstadt abbiegen, dort in die Badstraße.

Hauptportal, Schloss Fantaisie

Alles über Streuobst

EXTRA INFOS:

Augenfutter statt Ohrenfutter. Bayreuth und Musik, da gibt es mehr als nur Wagner. Zum Beispiel das ● **Markgräfliche Opernhaus**, bei dem sich die Markgräfin Wilhelmine von Bayreuth, die Gloria von Thurn und Taxis des 18. Jahrhunderts, mal so richtig austoben konnte. (bayreuth-wilhelmine.de)

KM 32

6 Gasthaus Wolffenzacher

Zum Abschied noch einmal fränkisch

KM 33 » ZIEL

Bahnhof Bayreuth

Die Vegetarier und Veganer unter den Leserinnen und Lesern mögen es verzeihen, aber die fränkische Küche ist nun einmal traditionell fleischlastig. Doch ein fränkisches Traditionsrestaurant, das bei den Vorspeisen bereits zweimal fleischlos daherkommt? Und bei den Hauptspeisen ebenso an die Nicht-Karnivoren denkt? Vorbildlich, und trotzdem urfränkisch, obwohl Gerichte wie Wildcurrywurst so manchen Traditionalisten auf die Palme bringen könnten. Alle anderen werden die außergewöhnliche, aber trotzdem traditionell orientierte Speisekarte goutieren. Ein krönender Abschluss der Frankentour! Natürlich mit Biergarten! (wolffenzacher.de)

Über Opernstraße und Luitpoldplatz zum Bahnhof.

Fränkische Spezialitäten locken!

START & ZIEL Bahnhof Bayreuth
1 Mainkanal
2 Mühle Heinersreuth
3 Wirtshaus Redemann
4 Schlosspark Fantaisie
6 Gasthaus Wolffenzacher
Markgräfliches Opernhaus
EIN STÜCK ÜBER DIE FELDER
WILDES TAL MIT MONSTERFELSEN
Bayreuth
Heinersreuth
Eckersdorf
Grüngraben
Unterwaiz
Unterkonnersreuth
Kühnleite 451
Stöckig
Buchhof
Hahnenhof
Spiegelwiesen
Cottenbach
Weikenreuth
Martinsreuth
Schupfenschlag
Hermannshof
Hohe Warte 463
Tannenbach
Vollhof
Bleyer 396
Krähenhölzchen
Morethsgut
HUSSENGUT
Flur
Wendelhöfen
BÜRGERREUTH
Denzenlohe
Wiesen
GARTENSTADT
Preuschwitzerin
Ordensschloss St. Georgen
Dörnhof
Oberobsang
ST. GEORGEN
Stuckberg 366
Unterpreuschwitz
NEUER WEG
HAMMERSTATT
Jägersberg 417
KREUZ
Oberpreuschwitz
ROTER HÜGEL
Forst
Schloss Meyernberg
DÜRSCHNITZ
MORITZHÖFEN
Teufelsgraben
Meyernberg
ALTSTADT
Donndorf
Schloss Birken
Kreuzstein
Pfaffenfleck
Matzenberg
Röhrensee
BIRKEN
Laimbach
Kornbach
Roter Main
Hirschbach
Flußgraben
B 85
B 2
B 22
A 9

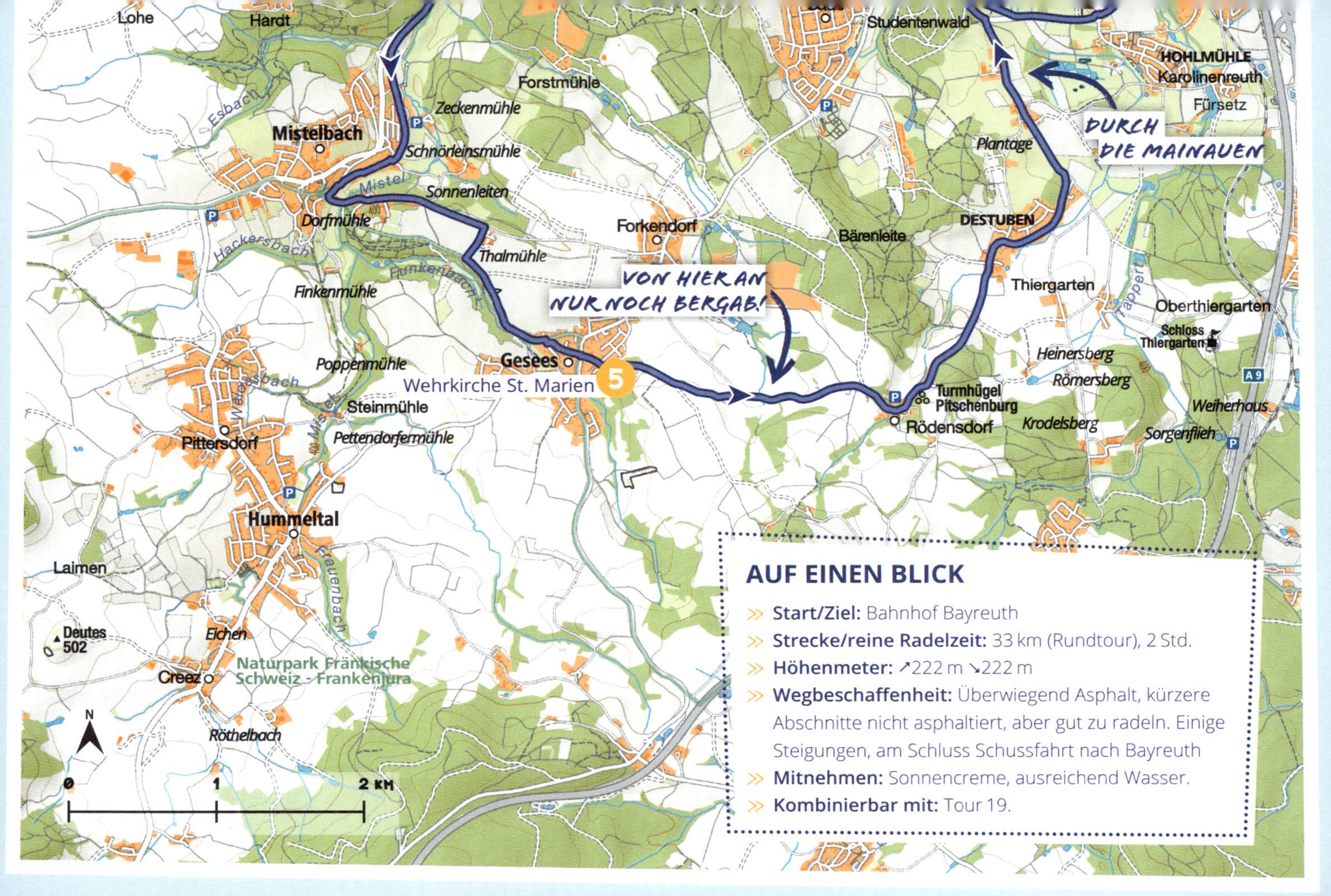

AUF EINEN BLICK

- **Start/Ziel:** Bahnhof Bayreuth
- **Strecke/reine Radelzeit:** 33 km (Rundtour), 2 Std.
- **Höhenmeter:** ↗222 m ↘222 m
- **Wegbeschaffenheit:** Überwiegend Asphalt, kürzere Abschnitte nicht asphaltiert, aber gut zu radeln. Einige Steigungen, am Schluss Schussfahrt nach Bayreuth
- **Mitnehmen:** Sonnencreme, ausreichend Wasser.
- **Kombinierbar mit:** Tour 19.

AUCH NOCH GANZ NÜTZLICH

ORTSREGISTER

IMPRESSUM

» **Text:**
Volker Häring

» **Cover- und Buchgestaltung:**
Carolin Weidemann, Köln, www.weidemann-design.com

» **Lektorat & Produktion:**
Verlagsbüro Wais & Partner, Stuttgart, www.wais-und-partner.de

» **Fotos:**
Titelfoto: Pitopia / U. Gernhoefer / mauritius images
Fotos Innenteil: Volker Häring

» **Kartografie:**
©KOMPASS-Karten GmbH, kompass.de unter Verwendung von ©OpenStreetMap Contributors, osm.org/copyright

» **S. 222 / 223:**
Marie Geißler (Illustration), Jens Bey (Text)

Printed in Poland

1. Auflage 2024

ISBN 978-3-616-03277-1

www.dumontreise.de

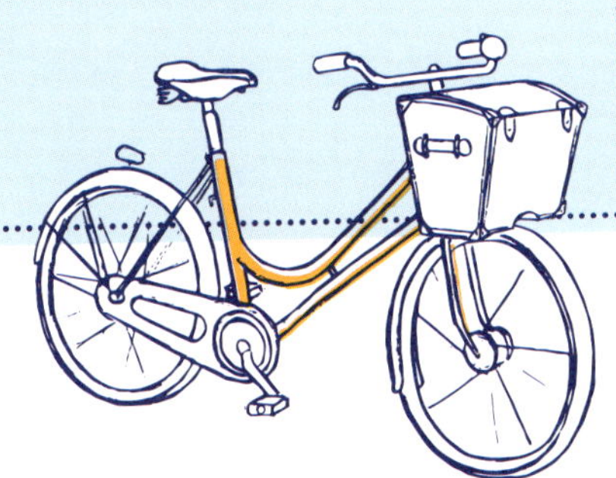

RECHTS ODER LINKS? IMMER WISSEN, WO'S LANGGEHT!

» TOURENVERLAUF
GPX-Daten zum kostenlosen Download
https://www.dumontreise.de/radelzeit/mittel-und-oberfranken

GPX-DOWNLOAD AUFS SMARTPHONE – SO GEHT'S

» Voraussetzung:
Eine Outdoor-App muss installiert sein, z. B. KOMPASS, Outdooractive oder Komoot. Zum Einlesen des QR-Codes benötigen ältere Android-Geräte eine QR-Code-App. Bei neueren Android- und iOS-Geräten ist diese Funktion in der Kamera integriert.

» Daten downloaden:

1. Den QR-Code einlesen oder die Webadresse im Browser eingeben, um auf die Radelzeit-Website zu gelangen.
2. Die gewünschte Tour zum Download anklicken.
3. Bei iOS-Geräten werden die GPX-Daten direkt mit der vorab installierten App verknüpft. Bei Android-Geräten muss ggf. noch ein Weiterleiten-Button geklickt werden (z. B. oben rechts im Display). Manche Apps zeigen den Tourverlauf starr an, andere haben eine Navigationsfunktion dabei.

WEITERRADELN …

ISBN 978-3-616-03195-8

ISBN 978-3-616-03197-2

ISBN 978-3-616-03189-7

ISBN 978-3-616-03196-5

ISBN 978-3-616-03188-0

ISBN 978-3-616-03198-9

ISBN 978-3-616-03192-7

ISBN 978-3-616-03194-1

Noch mehr Radelinspiration gibt's im gut sortierten Buchhandel und unter www.dumontreise.de

YOGA FÜR DAVOR UND DANACH

SCHMETTERLING

» Setze dich auf den Boden und lege die Unterseiten deiner Füße aneinander, indem du die Knie nach außen fallen lässt. Nun langsam, ohne viel Kraft, nach vorne lehnen und die Füße mit den Händen umschließen. Entspannt drei Minuten in der Position bleiben, langsam und tief durch die Nase ein- und ausatmen. Um die Übung zu verlassen, die Hände neben beziehungsweise hinter den Körper legen, langsam ein Bein nach dem anderen ausstrecken und nach vorne bringen.

HÖR AUF DEIN HERZ

» Lege dich rücklings auf den Boden, ziehe die Knie an und stelle die Füße flach auf den Boden. Lass jetzt die Knie zur Seite fallen und bring die Fußsohlen zusammen. Lege eine Hand auf deinen Bauch und eine Hand in die Nähe deines Herzens. Schließe deine Augen, atme tief ein und aus und halte die Position mindestens 30 Sekunden lang.

KATZENBUCKEL

» Gehe auf alle viere, die Knie direkt unter der Hüfte. Handgelenke, Ellenbogen und Schultern liegen auf einer geraden Linie, die Arme sind gestreckt, der Kopf in Verlängerung des Rückens mit Blick nach unten. Mache mit dem Ausatmen den Rücken rund, der Kopf geht Richtung Boden, wird aber nicht auf die Brust gepresst. Während des Einatmens wandert dein Bauchnabel in Richtung Boden, hebe gleichzeitig den Kopf. Wiederhole die Übung mehrmals.

ZURÜCKGELEHNT

» Knie dich auf den Boden, mit den Oberseiten deiner Füße auf dem Boden. Bring die Knie zusammen, dein Gesäß geht langsam zum Boden, deine Füße rutschen zur Seite und kommen neben deinen Hüften zu liegen. Schiebe mit den Händen deine Oberschenkel nach innen, lehne dich zurück auf deine Unterarme und lege den Oberkörper langsam ab. Halte die Position für mindestens 30 Sekunden.

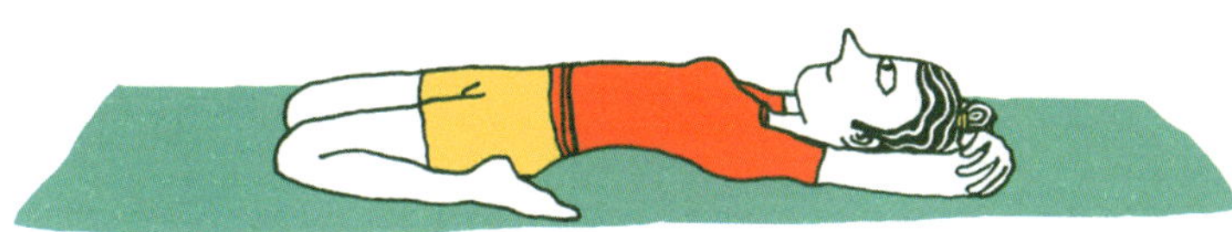

DIE PERFEKTE TOUR …

#FÜR SONNENHUNGRIGE

Nur wenige Waldstücke, dafür lange Fahrten auf dem Kamm mit Sonne satt. Sonnencreme sollte auf jeden Fall ins Gepäck, dann kommen Sonnenanbeter so richtig auf ihre Kosten!

» **TOUR 7, S.74**

#FÜR NEUGIERIGE

Wo verlief die innerdeutsche Grenze? Wie fühlt es sich an, auf dem Kolonnenweg zu radeln, was hat es mit Klein-Berlin auf sich? Und warum steht am Bahnhof Hof ein Stück Berliner Mauer? Eine Reise in die jüngste deutsche Vergangenheit.

» **TOUR 18, S. 184**

#FÜR WASSERRATTEN

Eine ganze Tour beständig am Wasser entlang, es lockt das kühle Nass – und dann ist da tatsächlich eine ausgewiesene Badestelle am Ludwig-Donau-Main-Kanal. In Geschichte baden!

» **TOUR 2, S. 24**

#FÜR LECKERMÄULER

Die Gefahr, zu versumpfen, ist auf dieser Tour real! Da trifft es sich gut, dass neben einer unfassbaren Brauereidichte das kulinarische Angebot ebenfalls reichhaltig ist. Eine der wenigen Touren, auf der man eher zu- als abnimmt!

» **TOUR 12, S. 124**

#FÜR FAULE

Der Tag fängt schon mit einer Schussfahrt an, und das war es dann fast schon mit Steigung und Gefälle. Und alle paar Kilometer lockt eine Einkehrmöglichkeit.

» **TOUR 4, S. 44**